本书受教育部人文社会科学研究一般项目资助（项目编号：13YJC790019）

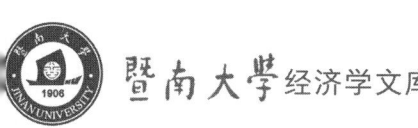
暨南大学经济学文库

"985工程"实施效率及影响因素研究

The "985 Project" Implementing Efficiency and Factors

丁岚 著

经济管理出版社

图书在版编目（CIP）数据

"985 工程"实施效率及影响因素研究/丁岚著.—北京：经济管理出版社，2014.1

ISBN 978－7－5096－2914－7

Ⅰ.①9… Ⅱ.①丁… Ⅲ.①高等教育—教育建设—影响因素—研究—中国 Ⅳ.①G649.21

中国版本图书馆 CIP 数据核字（2014）第 017160 号

组稿编辑：杨雅琳
责任编辑：杨雅琳
责任印制：黄章平
责任校对：王淑卿

出版发行：经济管理出版社
（北京市海淀区北蜂窝 8 号中雅大厦 A 座 11 层　100038）

网　　　址：www.E－mp.com.cn
电　　　话：（010）51915602
印　　　刷：北京晨旭印刷厂
经　　　销：新华书店
开　　　本：720mm×1000mm/16
印　　　张：9.25
字　　　数：121 千字
版　　　次：2019 年 7 月第 1 版　2019 年 7 月第 1 次印刷
书　　　号：ISBN 978－7－5096－2914－7
定　　　价：48.00 元

·版权所有　翻印必究·

凡购本社图书，如有印装错误，由本社读者服务部负责调换。
联系地址：北京阜外月坛北小街 2 号
电　话：（010）68022974　　邮编：100836

序　言

在 21 世纪前后，世界上许多国家和地区纷纷推出了各自的高等教育重点建设计划，有选择地重点建设一批世界一流大学和高水平研究型大学与学科，以提高本国或本地区高等教育的国际竞争力。1999 年 1 月 13 日，国务院批准教育部发布《面向 21 世纪教育振兴行动计划》，标志着我国建设高水平大学计划（"985 工程"）正式启动。在"985 工程"一期、二期建设的十年中，各高校在拔尖创新人才培养、科技创新能力建设、服务国家经济与社会发展、自身体制机制改革探索等方面取得了显著成效，但所暴露出的问题也备受关注，如管理运行机制不健全、资金配置及使用效率低、国际交流项目缺乏完善的监督机制及其效率与质量无法保证等。基于此，本书对高等教育资源配置效率、高校生产效率以及"国家建设高水平大学公派研究生项目"实施效率等问题进行实证分析，进而探寻影响"985 工程"实施效率与绩效的关键因素。

首先，本书清晰地界定了高校资源配置效率及生产效率的基本内涵，并在此基础上介绍"985 工程"建设的基本情况，特别是工程二期开始推行的科技创新平台与哲学社会科学创新基地建设及"国家建设高水平大学公派研究生项目"开展的基本情况。然后，分别对韩国"21 世纪智慧韩国工程"、日本

"21世纪卓越基地项目"和德国"卓越计划"的启动与具体实施以及存在的问题和相关改革措施进行了系统的比较分析。针对我国"985工程"一期、二期建设中暴露出的问题,借鉴上述有益的国际经验,指出了"985工程"后续建设的可行性方向。

其次,从经济学角度提出了考察我国"985工程"资源配置效率的新思路,应用动态权重分析方法,分别将2001~2007年"985工程"高校与非"985工程"高校的科研与教学生产效率增长分解为三个部分,即高校内部分、协方差部分及高校间部分。研究发现,"985工程"高校从规模到生产效率方面的各项指标普遍优于非"985工程"高校,尤其是获得了更多的教育事业经费和政府研究与发展(Research and Development,R&D)拨款的支持。虽然高校自身生产力的增长是高等教育整体发展的主要原动力,但提高资源配置效率带来的整体效率提升也不容忽视。研究表明,我国高等教育的科研资源配置正在向合理化方向转移,但仍未能通过合理配置资源来实现科研生产效率的最大化。

再次,在回顾高校生产效率研究理论基础及其发展现状的基础上,推导出高等教育领域的科研与教学生产方程,并运用最小二乘回归及固定效应模型对生产方程的参数进行估算,且分别对高校科研与教学生产效率的增长要素进行系统的分析。研究表明,相对于其他教师来说,青年教师对高校科研生产效率的增长具有显著的促进作用;"985工程"高校的博士生对论文产生的贡献作用要明显高于非"985工程"高校的博士生。从经费资助来源看,"985工程"高校在研究生项目的教学中,主要依靠科学与研发经费的资金支持,而非"985工程"高校体现出对国家教育事业经费拨款的依赖。由此可见,在研究生培养中,"985工程"高校更注重以科研为导向、以课程教学为辅助的培养机制。

又次，本书对"985工程"中重要的国际合作项目——"国家建设高水平大学公派研究生项目"的开展情况及实施效率问题进行了较为深入的实证分析。根据项目实施中关键的择校环节，构建了需求—供给模型，并创造性地构建了特殊的数据集，进而应用广义最小二乘回归（Generalized Least Square Regression，GLS）模型和截断数据模型对影响择校成功率的主要因素进行了拟合。实证研究表明，在出国留学信息膨胀、搜索及筛选成本提高的背景下，社会关系等非传统因素显著影响着高校与学生之间的双向选择，成为决定"国家建设高水平大学公派研究生项目"实施效率的关键因素，在项目后续实施中需要引起足够的重视，并加以正确引导。

最后，从构建科学、高效的管理体制、创新平台与基地建设以及加强国际合作三个方面，提出提升"985工程"绩效的政策建议并总结全文。

感谢教育部人文社会科学研究一般项目（项目编号：13YJC790019）对本书的资助。

目 录

第一章 绪论 ··· 1

第一节 研究背景与意义 ·· 1

第二节 国内外研究文献综述 ··· 4

第三节 研究思路及方法与创新点 ··· 7

　一、研究思路及方法 ·· 7

　二、创新点 ·· 9

第四节 主要内容与结构安排 ·· 10

第五节 基本概念的界定 ·· 12

第二章 "985工程"与国外高等教育发展项目的比较研究 ···················· 14

第一节 "985工程"及其主要举措 ·· 15

　一、"985工程"的由来及基本情况 ·· 15

　二、科技创新平台与哲学社会科学创新基地的建设 ························ 18

　三、国家建设高水平大学公派研究生项目 ···································· 20

第二节　与国外高等教育重大项目的比较分析 …………… 21
　　一、韩国"21世纪智慧韩国工程" ………………………… 21
　　二、日本"21世纪卓越基地项目" ………………………… 25
　　三、德国"卓越计划" ……………………………………… 27
第三节　"985工程"存在的主要问题及国际经验借鉴 …… 31
　　一、存在的主要问题 ……………………………………… 31
　　二、国际经验借鉴 ………………………………………… 34
第四节　本章小结 …………………………………………… 37

第三章　"985工程"资源配置效率的经济学分析 ………… 39

第一节　高等教育资源配置现状与效率研究 ……………… 40
　　一、我国高等教育的资源配置 …………………………… 40
　　二、"985工程"资源配置概况 …………………………… 42
　　三、资源配置效率的研究动态 …………………………… 43
第二节　研究设计 …………………………………………… 45
　　一、数据与基本变量描述 ………………………………… 45
　　二、生产效率变化的动态权重分析 ……………………… 53
第三节　实证结果及分析 …………………………………… 55
　　一、科研生产效率与资源配置效率分析 ………………… 55
　　二、教学生产效率与资源配置效率分析 ………………… 58
第四节　本章小结 …………………………………………… 60

第四章　高校生产效率的影响因素分析 …………………… 63

第一节　高校生产效率研究及理论基础 …………………… 63

目 录

第二节　研究设计 ……………………………………………… 67

　　一、数据与基本变量描述 …………………………………… 67

　　二、高校生产方程的构造 …………………………………… 72

第三节　实证结果及分析 ………………………………………… 75

　　一、科研生产效率要素分析 ………………………………… 75

　　二、教学生产效率要素分析 ………………………………… 81

第四节　本章小结 ………………………………………………… 86

第五章　"公派研究生项目"实施效率的影响因素分析 ……… 88

第一节　"公派研究生项目"的背景及基本情况 ……………… 89

第二节　择校问题研究及其供求理论基础 ……………………… 91

　　一、择校问题研究现状 ……………………………………… 91

　　二、供求理论基础 …………………………………………… 93

第三节　择校问题的微观结构模型设计 ………………………… 97

　　一、关键数据与描述 ………………………………………… 97

　　二、微观结构模型的构造 …………………………………… 101

第四节　实证结果与分析 ………………………………………… 103

第五节　本章小结 ………………………………………………… 110

第六章　"985 工程"绩效提升与政策建议 …………………… 112

第一节　构建科学高效的管理体制与运行机制 ………………… 113

　　一、健全资源配置与使用效率监管机制 …………………… 113

　　二、健全"985 工程"监管与验收机制 …………………… 115

第二节　推动创新平台与基地建设 ……………………………… 116

一、健全创新平台与基地机制……………………………………… 116
二、整合资源与提高使用效率……………………………………… 117

第三节　强化国际合作与丰富"985工程"内涵…………………… 119
一、兼顾效率与质量………………………………………………… 119
二、注重高水平人才引进…………………………………………… 120

第四节　本章小结……………………………………………………… 121

第七章　"985工程"实施效率及影响因素研究总结 …………… 124

参考文献 ……………………………………………………………… 129

第一章 绪论

第一节 研究背景与意义

1978年以后,中国经济实现了飞跃式的发展,至2009年国内生产总值(Gross Domestic Product,GDP)总量达33.535万亿元,为改革开放前GDP总量的90余倍,且近10年来一直保持着每年8%以上的高增长率。在此期间,中国高等教育体系也同样实现了令人瞩目的发展,截至2009年,普通高等学校从598所增至2305所,在校生人数也从86万扩招至2145万。2007年,国家为高等学校提供了1648亿元财政性教育经费,占全部教育经费投入的20%。在增加高等教育投入总量的同时,教育主管部门也开始注重高校教学质量和科研创新能力的发展,相继开始实施"211工程""985工程"等旨在提升我国高等教育办学质量和创建世界一流水平大学的专项工程,并对规划内的高校提供额外的专项资金。

随着高等教育规模的快速扩大,大量学生、学者纷纷出国留学或进行访问研究,截至2009年,各类出国留学人员累计达162.07万人。据美国国际教育协会(Institute of International Education, IIE)公布的数据显示,中国是过去20余年向其他国家和地区输送学生最多的国家[①]。1994年以来,中国每年出国攻读研究生的人数相当于国内新入学研究生人数的1/3。对研究生阶段的教育而言,出国留学已经成为中国学生一种重要的潜在选择[②]。值得关注的是,作为现代高等教育最高水平的代表,美国是中国及世界各国留学人员的主要选择。2009~2010年度,在美国高等教育机构中的中国留学生人数从9.8万人增至12.8万人,使中国再次超过印度,成为美国大学的第一大国际生源地。

2010年7月29日,《国家中长期教育改革和发展规划纲要(2010~2020年)》正式发布,其中明确强调"发挥政策指导和资源配置的作用",实现高等教育的"人才培养、科学研究和社会服务整体水平全面提升",并具体提出"加快建设一流大学和一流学科。以重点学科建设为基础,继续实施'985工程'和优势学科创新平台建设"。"985工程"作为提升中国高等教育水平的核心工程,其内涵十分广泛,总体上来说可分为两个方面:一是加大资金扶持力度,促进高等院校的教学与科研基础设施建设以及创新平台和基地机制的建立等;二是开拓高等院校与国际高水平大学合作的新渠道,加大国外高水平人才的引进力度等。

为此,一方面,教育部与财政部联合各"985工程"高校所在地的地方政

---

① Educational exchange between the United States and China [M]. An IIE Briefing Paper, 2008.
② Li H. Z.. Higher education in China: Complement or competition to U. S. Universities [M] //Clotfelter C. T., editor. American Universities in a Global Market [M]. Chicago: University of Chicago Press, 2010: 269 – 304.

府共同对"985工程"高校给予了充分的财政资助。按照初期规划,"985工程"一期投入约300亿元,二期投入不低于300亿元,三期预计投入380亿元。也就是说,中央及地方政府累计将投入超过千亿元的专项资金用于"985工程"建设,这是中国高等教育发展史上前所未有的机遇。另一方面,为了加速推进"985工程"实施,建设高水平大学,重点支持有关机构,根据国家战略、重大工程及重大专项需要,中国教育部与国家留学基金委员会于2007年开始实施"国家建设高水平大学公派研究生项目"(以下简称"公派研究生项目")。该项目以支持"985工程"高校建设为主要目的,有计划、成建制、大规模地连续5年选派研究生出国留学,重点支持科研团队及学科专业达到世界先进水平。首批签约高校包括39所"985工程"建设高校以及7所建立了"优势学科创新平台"的高水平大学,而后逐步拓展到"211工程"的部分优秀高校。

在我国开展"985工程"的同时,国际上其他一些国家也相继推出了以建设世界一流大学为目标的中长期高等教育发展规划,如日本的"21世纪卓越基地项目"、韩国的"21世纪智慧韩国工程"和"WCU计划"、德国的"卓越计划"等。与这些国家所推出的计划一样,"985工程"也暴露出一些重要的共性问题,即缺乏科学有效的评估机制,包括该计划所确定的目标、投入的资源、管理方案、产出成果以及"净效应"等。在现有的"985工程"绩效评估机制中,往往是重数量、轻质量,重科研、轻教学,重申请、轻验收,混淆"985工程"的"净效应"与中国高等教育事业整体发展带来的影响。具体来说,一方面,教育部作为"985工程"的管理者,其资源配置方案是否科学合理,"985工程"的"净效应"是否显著,是否对高校生产效率的提高起到促进作用?另一方面,对"985工程"内部相关项目实施效率及其影响因素的研究仍显薄弱,较少从微观和实证研究的角度对相关项目的实施提出切实的政策建议。这些恰恰都是需要进行深入探讨和解决的重要问题。然而，遗憾的是相关研究并不多，且其中能够给出实证依据的研究更少。

因此，针对上述问题的进一步探索，将深化对"985 工程"资源配置效率及高校生产效率影响因素的研究，为提升"985 工程"整体实施效率提供有力的实证支持，同时也为调整和改进"985 工程"实施方案提供更加有效的政策建议，具有重要的时效性和现实意义。

第二节 国内外研究文献综述

一般认为，高等教育机构属于一种非营利组织，从经济学的观点出发，高等教育机构之所以存在，是由于其为个人提供高等教育服务的同时伴有一定的社会效益①。与工业生产部门不同，高等教育机构的资费多来自个人或机构的捐赠和政府的直接拨款，所以高等教育机构的直接产出可能低于总投入。尽管如此，高等教育的效率问题仍是多方关注的焦点问题。

从研究方法的角度来看，Mensah 和 Werner（2003）认为，对高等教育相关效率的定量研究可以分为计量经济方法和数据包络分析（Data Envolvement Analysis，DEA）方法两大类。计量经济方法主要关注与研究高等教育机构内的经济规模和范畴，如本科与研究生阶段的教学成本估算、影响产出的效率因素等问题，研究相关问题的学者有 Hashimoto 和 Cohn（1997）、Koshal 和

---

① Weisbrod B. A.. The health care quadrilemma: An essay on technological change, insurance, quality of care and cost containment [J]. Journal of Economic Literature, 1991, 29（2）：525 – 552.

Koshal（1999）、Robst（2000）。

数据包络分析方法通常只能获得高校的效率排名及行业效率的分布情况，比较有代表性的研究如 Athanassopoulos 和 Shale（1997）、Johnes（2006）、Lin（2009）的不精确数据包络分析方法研究以及 Chen 和 Chen（2011）等。Kuah 和 Wong（2011）提出，联合数据包络分析最大化方法对高校的教学与科研效率进行研究，并提出比较全面的分析指标，其中，以教学型教师人数、选课学生人数、学生的 GPA、教学支出作为教学投入，以毕业生人数、学生毕业时的 GPA、毕业率、就业率作为教学产出；用学校科研支出、研究型教师人数、教师打分系统记录、研究生人数、科研经费收入作为研究投入，用研究生毕业人数、发表论文数、获奖数、专利数作为研究产出。

此外，Bergstrom 等（1988）提出通过检验 Samuelson 一阶条件来确定政府在教育上投入是否满足帕累托最优分配原则。

在国内，有关高等教育科研与教学效率的定量研究不多，主要是受到数据可获得性的限制，因此，已有的研究无论从方法上还是在变量设定上都略显单调，不够充实。

在现有的定量研究中，针对"985工程"实施效率的研究更少，多为统计描述性的比较分析。例如，刘念才等（2003）从世界名牌大学学术排名的变化角度，比较分析了"985工程"一期建设的成效，认为我国建设世界一流大学的关键在于重大原创性成果和世界杰出教授数量等方面快速递增；王耀刚（2006）从人力资源理论和资源配置理论的角度，提出高校教师资源优化配置的"双重主线"观点，并对我国高校教师资源配置进展及"985工程"建设高校与世界一流大学教师资源配置情况进行了细致的比较分析，并提供了大量翔实的数据；朱军文（2009）、朱军文和刘念才（2009）基于多年来我国研究型大学的 SCIE 论文的发表情况，并分别从数量维度、影响力维度、国际合作维度三个方面，与德国和日本同期的相关论文发表情况进行比较分析，研究结果表明，"985工程"的实施与基础研究产出影响力的提升有对应关系，"985工程"高校是我国科研产出的主体力量，而"985工程"首批重点建设的9所大学在其中处于核心地位；基于"985工程"高校博士课程设置现状的问卷调查，罗尧成（2009）指出，"985工程"高校的博士生相关学科知识水平较低，相关课程从总量到质量都偏低，且普遍缺乏前沿性。此外，刘莉和刘念才（2009）对中国大陆高校发表SSCI论文情况的统计学分析，也表明"985工程"高校是我国大学发表SSCI论文的主力。

侯光明和晋琳琳（2005）应用数据包络分析方法对教育部直属"985工程"重点建设的9所研究型大学的科研产出效率进行了分析，结果表明，这些研究型大学建设的投入产出已经基本达到了最优，声称该结果反映了我国研究型大学在基础建设阶段取得的建设成果。然而，该方法显然依赖于指标的选取，且缺乏对产出质量控制的相关讨论，因此，该结论虽然振奋人心，但却难以令大多数人信服，同时也与教育部有关"985工程"一期建设情况总结有些出入。类似地，陈琼娣（2010）以教育部直属的28所"985工程"高校为研究对象，应用数据包络分析方法，先后建立了CCR模型和超效率模型对样本内各高校的科研生产效率进行了估算和排名。然而，该研究并未对结果进行深入的讨论，仅停留在数值计算层面，且缺乏与同类研究的比较。此外，戚巍等（2010）尝试应用TOPSIS规划方法，利用ESI数据库中的论文信息，对"985工程"中的33所研究型大学的学术绩效进行了评价，并通过与世界一流研究型大学的比较，发现"985工程"高校总体学术绩效水平不高，且存在两极分化现象。

在有关"985工程"实施效率的研究中，除以上统计学方法和数据包络分析方法外，还有研究应用灰色关联分析方法，测算了34所"985工程"高校的师资队伍质量及规模与大学产出之间的关联度，提出师资队伍的国际化水平、高端汇聚程度和学术引领能力是影响大学产出的关键因素，是未来"985工程"师资队伍建设的着力点。

通过对上述相关研究的评述，不难发现，无论是统计学方法还是数据包络分析方法，都没有对影响"985工程"效率的深层次因素进行有效的定量分析，没有找到制约"985工程"建设效率提升的"瓶颈"。综上所述，现有研究中的数据有待进一步完善，并且有必要尝试应用其他可行的计量经济学方法对"985工程"实施效率的影响因素展开研究。就目前笔者的了解，国内这方面的研究极少。

第三节　研究思路及方法与创新点

一、研究思路及方法

"985工程"的绩效研究一直以来受限于缺乏直接、全面的一手数据而无法进行较深入的研究，而已有的研究多停留在理论探讨和以个别学校为对象的案例研究。"985工程"作为国家高等教育中长期发展规划中的重要举措，其实施对象和涵盖的内容都极其广泛，因此对其实施效率的全面评估并未达成广泛的共识，而已有的大部分研究由于缺乏实证依据而对政策制定和调整的指导性作用不大。

---

① 李平，吴庆文．一流大学师资队伍建设的着力点［J］．中国地质大学学报（社会科学版），2010，10（1）：8－12．

基于对上述特点和研究不足的分析，笔者认为，对"985 工程"实施效率的研究应该从多个维度、针对不同的项目分别展开。由经济学中的效率概念出发，重点对高校资源配置效率和生产效率等问题进行研究。本书遵循应用研究的范式，由效率理论及相关研究的综述出发，借鉴国外类似项目开展中的有益经验，分别对"985 工程"实施过程中资源配置效率、高校科研与教学生产效率的影响因素、国际项目实施效率的影响因素等问题进行实证研究，并在此实证结论的基础上为提升"985 工程"的实施效率提供政策建议。

遵循由提出问题到实证分析，再到提出政策建议的路线，具体的研究思路及方法如下：

首先，提出"985 工程"中缺乏完善的效率评估和绩效验收机制，通过与国际上类似的中长期教育发展项目进行比较，挖掘值得借鉴的有益经验，从而获得改进"985 工程"实施效率的可行性方向。

其次，对高等教育的资源配置效率问题进行深入探讨。辨析生产效率变化与资源配置策略之间的关系，运用动态权重分析方法，通过研究高校生产效率的变化，分析"985 工程"开展期间高等教育资源配置方案的优劣及其策略调整。

再次，运用加权条件异方差模型、截断模型、固定效应模型等计量经济分析技术分别对高等教育生产效率的影响因素以及"公派研究生项目"的择校效率的影响因素进行分析，以找到制约高校生产效率提高的"瓶颈"因素。

最后，基于对"985 工程"中的资源配置、生产效率影响因素以及国际项目实施效率的实证分析，为提升"985 工程"的整体实施效率提供具体的改进措施和切实可行的政策建议。

二、创新点

本书在分析和承继已有相关研究的基础上，从宏观和微观两个层面对"985工程"实施效率及其影响因素进行了较为系统的研究，研究的改进和创新主要体现在以下几个方面：

第一，利用动态权重分析法，提出了研究中国高等教育资源配置效率问题的新思路。从学校内、学校间及协方差三个方面比较分析教育部直属的"985工程"高校和非"985工程"高校在科研与教学两方面办学效率上的变化及差异，并在此基础上对高等教育有限资源的分配效率进行了更深入的讨论。

第二，基于2001～2007年教育部直属高校的相关数据，建立了更加全面的面板数据集，并构建了固定效应模型和多个效率评估指标，对影响高校科研与教学生产效率的主要因素进行更系统的研究，较好地解决了已有研究中的偏误估计，同时充实了国内有关"985工程"绩效评估的计量经济学实证依据。

第三，提出以教育部直属高校的科研与教育经费支出比例为权重，将高校教师承担的双重任务划分开来，解决了在高校生产效率研究中有效教师人数不准确的问题。同时，从另一个角度对高等院校科研与教学生产效率的研究提供了新的思路。

第四，基于简单的供求平衡理论，构建了"公派研究生项目"实施过程中的供求平衡理论模型，并建立了独一无二的截面数据集，首次从微观角度对该项目的实施效率进行探索性研究。同时，应用截断模型和广义加权异方差模型等多种计量分析方法，更加有效地阐释了择校过程中的关键影响因素。

第五，利用"公派研究生项目"参与人员的特点，提出并实证检验了社会关系在高校择校过程中的影响。针对该项目的后续实施，提出正确认识这种社会关系所产生的两面性影响，并予以积极引导和适当约束。

第四节 主要内容与结构安排

本书在对高等教育办学效率及其影响因素进行理论回顾的基础上，比较分析了国际上有关高等教育的重大工程的实施及其经验，实证分析了"985工程"框架内中国教育部直属高校的资源配置效率及其发展变化趋势，再运用多种计量经济方法对影响高校科研与教学生产效率的要素进行解析，然后对影响"985工程"国际合作项目实施效率的关键因素进行实证研究，最后提出提升"985工程"实施效率的相关政策建议并总结全文。本书共分为七章，具体结构安排如下：

第一章为绪论，首先阐释了本书的研究背景与意义，并对国内外的相关研究动态进行综述，提出笔者的研究思路、方法及创新点所在；其次对"985工程"实施效率的概念进行界定，为后续研究的展开奠定基础。

第二章为"985工程"与国外高等教育发展项目的比较研究，首先详述了"985工程"的开展及其具体举措，并介绍其他国家高等教育中长期发展项目的开展情况和有益经验；其次明晰了"985工程"实施中存在的问题并提出可行性调整方向。

第三章为"985工程"资源配置效率的经济学分析，从经济学角度分析了高等教育行业生产效率变动与资源配置效率之间的互动关系，应用动态权重分析方法对教育部直属高校的资源配置效率的变化进行解析,并分别以"985工程"高校和非"985工程"高校为研究对象,比较研究科研与教学领域的资源配置效率问题。

第四章为高校生产效率的影响因素分析,首先介绍了教育部直属高校的生产力现状,阐述了高校生产效率的研究情况及其理论基础;其次构造了教育部直属高校的教学与科研生产方程,并分别应用固定效应模型和最小二乘回归估计高校生产效率增长的影响要素,为提升高校生产效率的政策建议提供实证依据。

第五章为"公派研究生项目"实施效率的影响因素分析,介绍了"985工程"中主要的国际合作项目——"公派研究生项目"的背景及进展情况,并在此基础上对其实施过程中关键的择校环节进行研究,运用加权条件异方差模型、截断模型等计量经济方法构建择校问题的微观结构模型,进而提出项目实施中潜在的问题及后续改进的具体措施,提升"公派研究生项目"的实施效率。

第六章为"985工程"绩效提升与政策建议,提出了建立健全"985工程"验收机制、发挥"985工程"创新平台基地的带动作用、加强国际合作并丰富"985工程"内涵的政策建议。

第七章为"985工程"实施效率及影响因素研究总结,在前文基础上为全书内容梳理出清晰的脉络,对本书的主要内容进行总结,便于读者掌握本书重点内容。

第五节 基本概念的界定

"效率"在多个领域中都是一个非常重要的概念和研究对象,在不同的学科领域中具有不同的内涵。"效率"最早源自经济学,一般是指在单位资源条件下的产出量或投入量。这里所指的资源,可以是时间、资金、人力、制度体系等,而产出和投入也随着所在行业的不同而包含着广泛的内涵,如物质资料、人力资本等。从数学表达上看,效率体现为一个比值,是单位产出或投入。

在有关高等教育效率问题的研究中,通常备受关注的是资源配置效率(Allocation Efficiency)和生产效率(Productive Efficiency)[①]。资源配置效率是对即将实施或已经完成的资源分配方案的收益或效用的一种理论测度,其主要原理是依据理性选择、个体收益最大化及市场理论的相关假设,认为竞争参与者的产出具有确定性、可测性、可比性。在既定资源投入下,通过调整资源配置方案,实现经济系统的整体产出最大化,则可以称为资源配置有效。生产效率是对行业或单个机构产出能力的度量。在有限生产资料投入的前提下,为了实现生产效率的最大化,需要所有的企业都运用最好的生产技术和最佳的管理方案。

本书对"985 工程"实施效率的研究,主要考察"985 工程"开展期间高等教育资源在各个高校间的配置效率,同时分析高校科研与教学产出效率以及

---

① 生产效率,亦被称作技术效率(Technology Efficiency)。

"公派研究生项目"的实施效率的影响因素。

一般来说，无法估计不同高等教育资源配置方案的效用，但是，通过对"985工程"实施期间，"985工程"高校与非"985工程"高校两个样本的生产效率增长变动情况的比较分析，可以获得"985工程"的实施对我国高校间资源配置效率所起到的促进作用。对于高校科研与教学生产效率，具体是指单位教师的论文发表或专著出版数量、单位教师培养出的本科及硕士、博士毕业生的人数等度量指标。此外，对"公派研究生项目"实施效率影响最大的是参加该项目人员的择校环节，其影响因素既包括以往择校研究中所涉及的高校排名、规模、开放程度等传统因素，也包括社会关系等非传统的影响因素。

第二章 "985 工程"与国外高等教育发展项目的比较研究

从国际范围内来看，我国是较早提出建设世界一流大学的国家。"985 工程"启动后，很多国家和地区开始意识到高水平研究型大学尤其是世界一流大学在国家发展中的战略性地位，纷纷推出了各自的高等教育重点建设计划，有选择地重点建设一批世界一流大学、高水平研究型大学及创新型学科，以提高本国或本地区高等教育的国际竞争力，如韩国"BK21 工程"、日本"COE21 项目"、德国"卓越计划"以及英国、法国、俄罗斯、新加坡、越南、印度、马来西亚等国家都制订了旨在建设世界一流大学的计划。

开展"985 工程"建设并没有范本可供参考，需要不断摸索适合我国高等教育发展的方案，那么这个过程中就必然会走一些弯路，显露出一些弊端。本章通过对"985 工程"与韩国、日本、德国等国相关建设计划的比较分析，提出我们所面临的问题以及可以借鉴的有益国际经验，为后续有关"985 工程"实施效率的研究奠定基础。

第一节 "985工程"及其主要举措

一、"985工程"的由来及基本情况

1998年5月4日,江泽民在庆祝北京大学建校一百周年大会上提出:"为了实现现代化,我国要有若干所具有世界先进水平的一流大学。"由此,中国教育部决定在《面向21世纪教育振兴行动计划》的实施中,重点支持国内部分优秀高校,使其加入世界一流大学和高水平大学的行列,并以江泽民在北京大学100周年校庆的讲话时间(1998年5月)将该规划定名为:"985工程"①。

"985工程"是中华人民共和国中央政府为建设若干所世界一流大学和一批国际知名的高水平研究型大学而实施的专项建设工程。"985工程"以建设科技创新平台与哲学社会科学创新基地为重点,通过体制创新,实现队伍建设、平台和基地建设、基础条件建设以及国际交流与合作等任务,提高学校的科技创新能力和国际竞争力,将部分基础好、水平高的大学建设成为世界一流大学或国际知名的高水平研究型大学。

首批入选"985工程"的高校包括清华大学、北京大学等34所国内知名大学,而后又陆续有中国农业大学、西北农林科技大学、中央民族大学、国防科技大学、华东师范大学5所高校签约加入"985工程"二期建设。详见表2-1。

---

① http://zh.wikipedia.org/zh/985%E5%B7%A5%E7%A8%8B#cite_note-0, 2011-03-01.

表2-1 "985工程"一期、二期共建高校

学校	共建部门	协议签署时间
"985工程"一期（1998~2001年）		
清华大学	教育部、北京市	1999年7月
北京大学	教育部、北京市	1999年7月
南京大学	教育部、江苏省	1999年7月
复旦大学	教育部、上海市	1999年7月
上海交通大学	教育部、上海市	1999年7月
西安交通大学	教育部、陕西省	1999年9月
浙江大学	教育部、浙江省	1999年11月
南开大学	教育部、天津市	2000年12月
天津大学	教育部、天津市	2000年12月
山东大学	教育部、山东省	2001年2月
华中科技大学	教育部、湖北省、武汉市	2001年2月
吉林大学	教育部、吉林省	2001年2月
厦门大学	教育部、福建省、厦门市	2001年2月
武汉大学	教育部、湖北省	2001年2月
中国海洋大学	教育部、山东省、国家海洋局、青岛市	2001年2月
东南大学	教育部、江苏省	2001年2月
湖南大学	教育部、湖南省	2001年2月
中南大学	教育部、工信部、湖南省	2001年2月
大连理工大学	教育部、辽宁省、大连市	2001年8月
重庆大学	教育部、重庆市	2001年9月
四川大学	教育部、四川省	2001年9月
电子科技大学	教育部、工信部、四川省、成都市	2001年9月
中山大学	教育部、广东省	2001年1月
华南理工大学	教育部、广东省	2001年1月

续表

学校	共建部门	协议签署时间
兰州大学	教育部、甘肃省	2001年12月
东北大学	教育部、辽宁省、沈阳市	2002年1月
同济大学	教育部、上海市	2002年6月
北京师范大学	教育部、北京市	2002年8月
中国人民大学	教育部、北京市	2003年9月
中国科学技术大学	中科院、教育部、安徽省	1999年7月
哈尔滨工业大学	工信部、教育部、黑龙江省	1999年11月
西北工业大学	工信部、教育部、陕西省、西安市	2001年4月
北京理工大学	工信部、教育部、北京市	2001年4月
北京航空航天大学	工信部、教育部、北京市	2001年9月
"985工程"二期（2004~2007年）		
中国农业大学	教育部、农业部、北京市	2004年6月
西北农林科技大学	教育部、陕西省	2004年6月
华东师范大学	教育部、上海市	2006年9月
中央民族大学	中央民委、教育部、北京市	2004年6月
国防科技大学	中央军委、教育部、湖南省	2004年6月

此外，需要澄清的是，"优势学科创新平台项目"并不是属于"985工程"的一部分。"优势学科创新平台项目"是为了适应建设创新型国家、加快推进社会主义现代化建设对人才和科技的要求，充分发挥高等学校学科的综合优势，由教育部和财政部于2006年开始试点建设的项目，该项目以国家和行业发展急需的重点领域和重大需求为导向，围绕国家科技发展战略和学科前沿，加大学科结构调整力度，促进学科交叉，大力提高建设学科的科技创新能

力和解决制约经济社会发展的重大"瓶颈"问题的能力①。"优势学科创新平台项目"的建设方式采用"985工程"科技创新平台建设模式，2006~2008年为试点期，此间，重点是取得经验、探索机制。2008年之后，与"985工程"同期执行。因此，"优势学科创新平台项目"建设的高校也被俗称为"小985工程"高校。而实际上，"985工程"并不涵盖"优势学科创新平台项目"，且项目建设单位从属于"211工程"建设的高校但不属于"985工程"建设的高校中选择②。

二、科技创新平台与哲学社会科学创新基地的建设

作为"985工程"二期建设的重要内涵，科技创新平台与哲学社会科学创新基地建设具有不可替代的基础性作用。

科技创新平台建设以国际科技前沿和国家现代化建设重大需求为导向，以学科建设规划为指导，围绕国家重大基础研究、战略高技术研究和重大科技计划进行。同时，"985工程"科技创新平台与国家实验室、国家重点实验室、国家工程研究中心、国家工程技术研究中心等国家创新平台相互依托并有机结合起来。在科技创新平台建设中，注重相关学科的有机融合，促进学科交叉和资源共享，建设、改善平台的教学、科研条件和基础设施，增强了平台的创新能力。在完善平台硬件建设的同时，组建高水平学术团队和高效的管理架构及运行机制。通过"985工程"科技创新平台建设，将大力提高所建高校的创新能力和解决国民经济建设中的重大科技问题的能力，增强承担国家重大任务、开展高水平国际合作的竞争实力，促进学科优化和交叉，形成一批重大科技成

---

① 张晓玲. 加强"211工程"三期重点学科建设的几点思考 [J]. 中国高教研究, 2008 (9): 28-30.

② http://moe.eol.cn/edoas/website18/85/info1216619366572585.htm, 2008-07-21.

果和世界一流学科,在国家创新体系建设中发挥重要作用①。

哲学社会科学创新基地建设,围绕国家、区域社会发展和经济建设中的重大问题,秉承开放性理念,不但注重社会学科之间的交叉,而且也积极推动人文社会科学与自然科学、工程技术等的相互渗透与融合,孕育和催生新的学科研究领域和研究方法,形成一批能够解决具有全局性、战略性、前瞻性的重大理论及现实问题。

在"985工程"二期建设中,以国际科技前沿和国家重大需求为导向,以突出特色、实现跨越式发展为宗旨,围绕经济建设和社会发展中的重大问题,共计建设以原始性创新为重点的基础研究创新平台、成果转化和工程化研发平台、哲学社会科学创新基地372个,涵盖基础前沿科学,生命科学,信息,材料与制造,能源、环境与公共安全,经济学、社会学、企业管理等众多学科领域(见表2-2),其中,Ⅰ类平台86个,Ⅱ类平台172个,Ⅰ类基地76个,Ⅱ类基地38个②。

表2-2 "985工程"科技创新平台与哲学社会科学创新基地的领域分布

领域	合计
基础前沿科学	39
生命科学	55
信息	35
材料与制造	40
能源、环境与公共安全	54
国家安全	35

---

① 教育部、财政部. 教育部 财政部关于继续实施"985工程"建设项目的意见(2004-06-02)[EB/OL]. http://202.205.177.9/edoas/website18/20/info5120.htm,2011-03-01.
② Ⅰ类为重大科技创新平台与社会科学创新基地,Ⅱ类为重点科技创新平台与社会科学创新基地。

续表

领域	合计
哲学、马克思主义	18
政治学、法学、行政学	11
文学、语言学、历史学	22
经济学、社会学、企业管理	30
国际问题、港澳台	10
管理学	11
教育学、心理学、信息传播	12
合计	372

资料来源：教育部。

三、国家建设高水平大学公派研究生项目

2007年1月，经国务院批准，教育部、财政部设立"国家建设高水平大学公派研究生项目"，简称"公派研究生项目"①。该项目是"985工程"建设框架内国际交流合作规划的重要举措，其目的在于加速中国高校教育的国际化进程，贯彻落实科教兴国战略和人才强国战略，推进高水平大学建设，增强其为建设创新型国家服务的能力，促进中国高水平大学与国内外知名大学的合作与交流，与其建立稳定、持久的学术交流渠道，打造国际化人才培养及交流平台。

该项目重点依靠"985工程"建设高校，选派能源、资源、环境、农业、制造、信息等关键领域及生命、空间、海洋、纳米、新材料等战略领域和人文

---

① 国家留学基金管理委员会．国家建设高水平大学公派研究生项目选拔简章（2010-09-27）[EB/OL]．http：//www.csc.edu.cn/Chuguo/2cdca04a4c6047b7b114e5eca6bfed0b.shtml，2011-03-01．

及应用社会科学领域的优秀人才,资助其赴国外高水平大学、研究所或实验室攻读博士学位(留学期限一般为 36~48 个月)或作为联合培养博士生开展研究(留学期限一般为 6~24 个月)。该项目从 2007 年开始实施,初步计划执行 5 年,每年选派 5000 人。

第二节 与国外高等教育重大项目的比较分析

近些年来,我国的高等院校发展速度很快,发展势头较好,与世界一流大学的差距正在逐步缩小。但也要注意到,国外高水平大学的发展不但没有停滞不前,而且其发展还是非常快的,从韩国、日本以及德国的高校建设规划看,它们建设世界一流大学的决心和力度很大,其专项资金支持的重点一方面是创新型人才的培养,即培养下一代的顶尖级人才;另一方面着眼于重大创新研究的突破,开拓下一代的创新科技,最终为本国参与国际竞争提供科技与人才的支撑。

一、韩国"21 世纪智慧韩国工程"

1. 启动与实施情况

1999 年初,韩国政府正式启动了一项新的高等教育发展规划——"21 世纪智慧韩国工程"(The Brain Korea 21 Project,BK21)[①]。"21 世纪智慧韩国工程"由"21 世纪智慧韩国工程"管理委员会负责执行、监督及管理,采用

---

① http://bnc.krf.or.kr/home/eng/bk21/aboutbk21.jsp,2011-02-27。

"选择和集中"的原则,即按照所制定的标准在韩国国内选拔一批高校,而后政府在一定时期内投入巨资加以建设①。申请"21世纪智慧韩国工程"的大学必须组成跨校"研究联盟"(Research Consortia),其必须包含一个主导大学和一个或一个以上的参与大学。

"21世纪智慧韩国工程"的目的在于重点建设一批韩国的高水平大学和重点学科,进一步完善韩国的高等教育体制,并充分发挥韩国高等教育的特点和优势,加大各方面的投入,有重点地把一部分高校或学科建设成为世界一流水平的优秀大学或学科,为韩国培养21世纪知识经济与信息化时代所需的新型高级人才,以应对未来在高等教育及高新技术上的激烈国际竞争②。

"21世纪智慧韩国工程"为期14年,共分为两个阶段,计划将投入3.5万亿韩元(约合4.5亿美元),其中,1999~2005年为第一阶段,计划每年投入约2000亿韩元;2006~2012年为第二阶段,计划每年投入约3000亿韩元。

"21世纪智慧韩国工程"的第一阶段,每年超过半数以上资金用于培养和建设具有世界一流水平的研究生院和优秀大学,主要以科学技术、人类学及社会学等方面的研究和大学基础建设为主,其中,在科学技术领域的投资占绝大部分。余下部分的资金用于发展高校研究生院的科研潜力及加强学术研究的基础设施建设。"21世纪智慧韩国工程"第一阶段共资助56个高等教育机构,其中,12个大学和2个科研院被定位为世界一流大学研究生院重点建设对象,42个地方大学被定为全国优秀地方大学重点建设对象。

"21世纪智慧韩国工程"管理委员会对"21世纪智慧韩国工程"第二阶段的资助策略进行了调整。韩国政府每年约投入3000亿韩元的资金,主要用

---

① 付艳."21世纪智慧韩国工程"研究[D].西南大学硕士学位论文,2009.
② Moon M., Kim K-S.. A case of Korean higher education reform: The Brain Korea 21 Project[J]. Asia Pacific Education Review, 2001, 2(2): 96-105.

于资助具备优势学科的大学及研究团队,也包括对教学与科研基础设施及材料的支持,同时资助创新能力强的教师和研究生赴海外访学研修、邀请国外知名学者以及与国外高水平大学之间国际交流合作等。截至2011年底,"21世纪智慧韩国工程"二期共资助了74所高校的568个各类型研究团队,每年培养21000名(科学技术类18500名,人文社会类2500名)具备国际竞争能力的硕士、博士人才。

从"21世纪智慧韩国工程"的实施过程来看,第一阶段和第二阶段在本质内容上没有太大的差异,具有较好的连贯性,只是两个阶段的侧重点有所不同。第一阶段侧重于参与工程的高校的整体发展;而第二阶段覆盖面更广泛,且资助对象以研究团队为单位,侧重于各个大学的部分优势学科或院系的发展。

2. 存在的问题与经验

"21世纪智慧韩国工程"在一定程度上推动了整个韩国高等教育的发展,但是在实施过程中仍暴露出一些不容忽视的问题,主要表现在以下几个方面:

(1)建设世界一流大学与发展高等教育行业间存在矛盾。以"21世纪智慧韩国工程"第一阶段为例,以首尔为中心的大型都市圈获得了65%的工程科学技术领域资助和96%的人文社会科学领域资助①。一部分人认为,"21世纪智慧韩国工程"的最初目标就是要通过加大投入,选拔并建设世界一流的大学,所以"21世纪智慧韩国工程"的实施过程中不应过于顾及其他方面的因素,而上述投资过于集中在首尔周边的现象属于一种巧合。然而,另一部分人则认为,高等教育领域的任何发展或改革项目都应服从于韩国高等教育事业

---

① 徐小洲,郑英蓓. 韩国的世界一流大学发展计划:BK21工程[J]. 高等工程教育研究,2006(6):99-104.

的整体发展,过分强调追赶世界一流大学,而忽视其他私立或地方性大学的发展,不利于提升国家高等教育的整体水平,是一种治标不治本的办法,甚至会加剧区域经济发展失衡的问题。

(2)工程评估标准单一。"21世纪智慧韩国工程"采用短期评估方式,每两年就对重点建设高校的教师水平、科研能力等相关情况进行评估,以检查重点建设高校是否达到既定的具体目标。工程评估验收机制对加强"21世纪智慧韩国工程"建设、提升高校的科研与教学质量,起到了很好的监督和促进作用。然而,这种短期评估方式略显单一和教条化:首先,对于某些产生周期较长的科研成果而言,并不适合频繁的短期验收;其次,短期评估方式往往会造成各个高校疲于应对验收的尴尬局面,无法体现高校自身建设规划的灵活性和具体实施方案的适应性;最后,短期评估方式忽略对潜在的长期效应的评估,同时对健全高校办学效率验收机制的认识不足。

(3)忽视资源配置效率与缺乏对高校提高自身"造血"能力的引导。虽然韩国每年投入2000亿~3000亿韩元用于"21世纪智慧韩国工程"建设,但平均下来划拨到每个高校或团队的经费并不多。因此,提高有限的高等教育资源的配置效率、培育高校自身"造血"能力等举措显得尤为重要。"产学研结合"无疑是提升高校自身"造血"能力的有效途径之一。但是,"21世纪智慧韩国工程"高校为了实现显著的建设效果,往往过于关注研究的直接成果,从而产生了导向性的偏差,致使产学研合作项目的启动资金不足,不利于产业界和学校的合作发展。"21世纪智慧韩国工程"在产学合作方面每年投入的资金为200亿韩元,仅仅相当于整个工程资金的1/10,加上实施过程中缺少系统化管理,导致很多产学与科研发展不平衡的状况。

二、日本"21世纪卓越基地项目"

1. 启动与实施情况

2001年6月,时任日本文部科学大臣的远山敦子提出在日本建设30所世界一流大学的计划——"大学结构改革的方针"(又称"远山计划")。其目的在于以下四个方面:改善日本高校的基础环境,加快科研与教学设备的更新;在高校发展中引进市场管理机制,实现国立大学向"法人制"的转变;推动国立大学合并重组,减少国立大学数量;全面引入公平合理的竞争机制,通过第三方评价体系,优化资源配置方案①。

作为推进"远山计划"的主要措施之一,文部科学省决定从2002年起实施"21世纪卓越基地项目"(21st Century Center of Excellence Program,COE21)。而且专门设立了"21世纪卓越基地项目"委员会,该委员会主要依托日本学术振兴会,兼由大学评价学位授予机构、私立学校振兴共济团体、大学基准协会共4个组织组成。项目计划在有博士点的高校中选出10~30个博士项目,要求每个入围的团队都拥有先进、精良的研究设备,世界一流的研究人员和研究成果,政府在5年内对各个项目给予每年1亿~5亿日元的资助②。

2002年,"21世纪卓越基地项目"对选定的50所大学所申报113个优势项目给予了182亿日元的财政资助。至2003年,获得批准的卓越基地达244个,分别来自85所高校,共计投入475.02亿日元。2004年,"21世纪卓越基地项目"委员会收紧了对项目的审批,仅新增了对24所高校的28个研究基地的资助。截至2005年,"21世纪卓越基地项目"累计对272个卓越基地投入

---

① 杨栋梁.日本推行高等教育改革的新举措——《21世纪COE计划》评述[J].日本学刊,2003(5):120-129.
② 朱相丽.日本建设优秀研究中心的若干举措[J].全球科技经济瞭望,2009,24(1):13-18.

了1165.02亿日元。

2007年，文部科学省基于对"21世纪卓越基地项目"的成果评估，宣布开始进一步实施"21世纪卓越基地项目"的升级版——"全球卓越基地项目"（Global Center of Excellence Program）。2007年，批准了28个高校的63个卓越基地申请；2008年，批准了29个高校的68个卓越基地申请；加上2009年批准的9个高校的9个卓越基地申请，"全球卓越基地项目"共计资助140个项目，口径要明显小于"21世纪卓越基地项目"，所以对每个项目的资金扶持力度更大，效果更加明显。

2. 存在的问题与经验

"21世纪卓越基地项目"及其后续的"全球卓越基地项目"，都在很大程度上提升了对日本国内传统名校的资金扶持力度，在一定程度推动了其向世界一流大学靠拢。尽管如此，该项目开展过程中受到诸多非议，主要表现在以下几个方面：

（1）竞争机制不健全，忽视基础性和理论性研究。尽管采用第三方负责管理执行的评选竞争机制，但在一部分人看来仍存在较大的问题。首先，现有的竞争机制带有明显的偏好，重视对短期内能够产出成果的项目的资助，而忽视对需要数年甚至更长时间才能呈现出效果的基础性研究的支持。这种过分强调研究短期效果的政策导向，将削弱对基础性和理论性研究的根基，阻碍整个高等教育体系的发展。大部分公立大学和私立大学更认为"21世纪卓越基地项目"的评审对公立大学和私立大学不利，指出虽然在项目评审政策上宣称公正、公平竞争，但最终的评审结果却仍侧重于对传统名校的资助。

（2）评审标准与验收机制不完善。立命馆大学、久留米大学等私立大学的校长认为，一方面，目前的评审标准缺乏对人文社会学科领域的关心，因此亟须改善评审机制，否则单一的评审标准就无法保证评审的客观性和公正性。

另一方面，第三方评审机构应该直接聘请国外更加专业的管理团队，同时注重培养日本本国的专业管理人才并完善评审机制，更多地体现透明性和包容性，并放眼高等教育的长远发展。更有部分学者呼吁，项目的验收中不能仅看发了多少文章、出版了多少专著，而应该建立更加合理和全面的项目验收机制，涵盖对研究所带来的经济效益和社会效应的评估。此外，对验收未能达标的项目应给予适当的制裁或惩罚，扭转一直以来科研项目中重申请、轻验收的弊病。

（3）缺乏消除改革项目负面影响的思考。推动大学法人化、高等教育市场化，使国家财政推卸掉了在高等教育中的主导作用。高校被推向社会、推向市场，而全面市场化剥夺了在竞争中处于劣势的高校的发展机会，也使来自生活困难家庭的学生丧失了学习的机会。也就是说，完全市场化将抹杀高等教育的公益性和机会均等的原则。企业大范围地介入高等教育发展，必然导致过度的产学研合作，使应用研究大行其道，而造成基础学科的发展濒临停滞的局面。由此可见，对上述主要改革措施的负面影响必须加以重视，并制定相应的策略，才能确保高等教育建设规划的顺利实施。

三、德国"卓越计划"

1. *启动与实施情况*

国际高等教育界，一直以来都承认德国拥有世界级的优秀大学，但却无一所世界一流大学。正是为了扭转这一窘境，2005 年 6 月，德国联邦政府及州政府共同通过决议，推进德国高等教育改革，启动"卓越计划"（Initiative for Excellence），打造德国的世界一流大学。德国政府希望通过实施"卓越计划"，提升德国高校和科研机构的科研实力，遏制德国在世界科学研究领域不断丧失优势的趋势，增强德国高校的国际竞争力，改善德国大学在科研、教学领域的国际形象。

德国"卓越计划"计划总经费达 19 亿欧元，整个计划为期 5 年，至 2011 年结束。与韩国的"21 世纪智慧韩国工程"和日本的"21 世纪卓越基地项目"不同，德国的"卓越计划"分为三个层面同时展开，即"未来构想计划""卓越团队计划""卓越研究生项目计划"。由德国联邦教育部授权德意志科学委员会（WR）与德意志研究基金（DFG）共同组织实施，前者负责"卓越团队计划"和"卓越研究生项目计划"的评选与管理，后者负责"未来构想计划"的规划与实施①②。接下来，将分别从这三个层面对"卓越计划"的基本情况进行介绍。

首先，与"21 世纪智慧韩国工程"第一阶段类似，"未来构想计划"也以大学为资助对象，旨在提升德国顶尖大学的科研能力，提高其在国际上的声誉和地位。每个入选该计划的高校将得到每年 2100 万欧元的资助，约占"卓越计划"总经费支出的 29%。

其次，类似"21 世纪智慧韩国工程"第二阶段及日本"21 世纪卓越基地项目"的建设思路，"卓越团队计划"将重点放在对优秀研究团队的资助上，每个卓越团队每年可获得 650 万欧元的科研资助，占整个"卓越计划"总经费支出的 59%。决策者认为，世界一流的大学必须有若干世界级的优势学科平台及顶尖的研究团队作为支撑，同时鼓励建立具备国际竞争力的研究与培训机构，吸引国际知名的研究机构与其开展国际合作，并适度争取企业界力量加入高校的科研合作。

最后，"卓越研究生项目计划"的最大特色是明确提出对年轻科研人员的培养，并划拨出 12% 的专项经费用于未来高水平后备人才的培养。众所周知，

---

① 孔捷. 从平等到卓越——德国大学卓越计划评析 [J]. 现代大学教育，2010（3）：52–57.
② 孙华. 德国"卓越大学计划"及其对我国"985 工程"的启示 [J]. 黑龙江高教研究，2010（5）：9–11.

才人是提升高等教育水平的根本,在建设教学和科研基础设施的同时,"卓越研究生项目计划"注重吸引高水平的年轻科研人员(包括颇具科研潜力的年轻教师及博士研究生)加入到优势科研团队中,并且给予每人每年 100 万欧元的科研经费资助。这项举措不但加快了德国大学的改革步伐,储备了更多的高端人才,更为德国高等教育重返国际先进行列奠定了基础。

慕尼黑大学、慕尼黑理工大学、卡尔斯鲁厄大学等 9 所德国大学已入选"未来构想计划",成为重点建设的世界一流大学。另外,共有 37 个卓越团队、39 个优势学科的研究生项目分别入围"卓越团队计划"和"卓越研究生项目计划"。整个"卓越计划"覆盖了德国 37 所高校,占德国普通高等院校总数的 10.6%。

为了确保"卓越计划"实施效果的可持续性,德国教育部已经宣布将在 2012 年中期启动"卓越计划"二期,同样为期 5 年,资助经费将比一期提高 30%,达 27 亿欧元。到 2016 年,德国教育部将聘请国际专家组建专门的验收评估委员会,对"卓越计划"二期建设的绩效进行更为科学的评估。

2. 存在的问题与经验

"卓越计划"一期的成效可能并未完全体现出来,但有些问题已经暴露出来。

(1)科研与教学差距进一步拉大。一直以来,德国大学就有重科研、轻教学的传统,在教学投入上始终徘徊不前,远落后于接受高等教育的学生人数的增长速度。然而,"卓越计划"在制订之初就提出 19 亿欧元将仅用于支付科研活动开销,也就是说,该计划关注的是博士研究生的培养而并非本科生,这使科研与教学的发展水平之间的差距更加显著,也使重科研、轻教学的传统更加强化①。

(2) 资金支持力度不足。37 所高校在五年的时间内分享 19 亿欧元的科研发展经费,不免显得有些杯水车薪。"卓越计划"在制订草案时,曾提出"打造德国的哈佛大学",而最终公布方案时只强调进入世界前 25~50 名。其中一个主要的原因就是经费问题,要知道,哈佛大学每年的预算支出是 30 亿美元。至 2007 年底,美国哈佛大学的捐赠基金已经达到 349 亿美元,即便哈佛大学没有任何收入来源,仅保证现有捐赠基金每年以 8.5% 的收益率增长,那么就足可支付哈佛大学每年的所有开支②。加上这些捐助基金的总量每年仍在以两位数的速度高速增长,究其原因,一是由于校友和社会的慷慨捐赠,二是由于哈佛大学雇用了专业的基金管理经理和团队为这些基金成功地进行风险投资,形成了一套完备的保值增值策略及制度。如此雄厚的资金保障令其他大学难以望其项背,更何谈赶上。不仅哈佛大学一家如此,另外有 69 所美国大学的捐赠基金均超过 10 亿美元,这也是美国大学能够引领世界现代高等教育发展的重要原因。

对于没有获得"卓越计划"资助的德国高校来说,"卓越计划"无疑是一种相对限制,令其丧失了发展的机遇,其发展水平将与计划内建设的高校越拉越远。这种局面对德国高等教育的整体发展是极为不利的。

(3) 科研力量外移。对于德国高校来说,科研力量外移也是影响其发展的主要因素。以马普所(MPG)为代表的一批校外大型研究机构的成立,直接导致了高水平的科研已经从德国大学转移到校外。由于该类科研机构经费充足,所以吸引了越来越多的高水平人才,最终造成了德国大学科研能力增长缓

---

① 张帆. 德国大学"卓越计划"评述 [J]. 比较教育研究, 2007 (12): 66-70.
② 王晓娜. 我国高校教育基金会研究 [D]. 吉林大学硕士学位论文, 2008.

慢、缺乏动力的局面。仅马普所一家就有4位诺贝尔奖获得者，被誉为"一所没有学生的一流大学"。德国一些学者呼吁将该类研究机构重新并入大学，但目前德国大学的组织体系是官僚制，而研究机构偏向于企业化管理，二者很难兼容。若强行合并，可能导致既无法增强高校的科研实力，也限制了校外研究机构的发展，使其面临丧失现有的优势地位的被动局面。

（4）文理比例失调，地域性失衡。"卓越计划"一期中，文科类所占比例很少。大部分的科研经费都流向了生命科学与工程技术领域，使原本文、理科发展水平的差距进一步拉大。因此，"卓越计划"的导向也遭到人文与社会科学类学者的质疑和抗议。另外，德国西南与东北部的联邦州之间呈现出明显的地域性差异。在9所进入"未来构想计划"的高校中，处于德国东北地区的仅有柏林自由大学1所，另外处于中部地区的1所，中西部1所，而剩余的6所高校全部位于德国西南部。第一轮的评选中的地域性差异更为明显，三所"精英大学"全部位于德国南部，其中仅慕尼黑一个城市就拥有两所"精英大学"。这种区域差异性过大的教育资源配置方案，对德国高等教育的总体发展非常不利，且可能伤及德国的经济发展并引发一系列的社会问题。

第三节 "985工程"存在的主要问题及国际经验借鉴

一、存在的主要问题

基于对上述不同国家所开展的高等教育中长期发展项目的比较分析，可以看出，我国"985工程"同样以建设本国的世界一流大学为总体目标，虽然开展时间略早，且运作机制稍有不同，但是同样存在与上述计划中相类似的问题。

第一，建设世界一流大学的规划应与我国高等教育事业发展的现实相协调。建设世界一流大学可谓任重而道远，特别是在我国现代高等教育发展基础相对薄弱的情况下，"985工程"的历史使命越发显得艰巨。如此一来，在工程的策划及实施过程中，难免产生一种"走捷径，加快进入世界一流大学行列"的思想。如果不假思索地一味加大对极个别高校的资助，赋予其更多的发展机遇，虽然能在短期内促使其科研水平有较大程度的提高，但是却无形中使其脱离了中国高等教育发展的土壤，加剧整个高等教育行业"两极分化"的问题，而这并不符合我国高等教育事业发展的长远利益。

第二，资助对象的类别及方式有待改进。"985工程"一期，共计34所高校入选；二期，又新增5所。在"985工程"二期中，教育部要求各高校明确科技创新平台与哲学社会科学创新基地建设目标，并进行针对性的资助。在平台（基地）建设中，要注重相关学科的有机融合，促进学科交叉和资源共享，建设和改善平台（基地）的教学、科研条件和基础设施，增强平台（基地）的创新能力。在完善平台（基地）硬件建设的同时，组建高水平学术团队和高效的管理架构和运行机制。然而有相当一部分高校在执行过程中，由于内部各学科院系之间的利益关系无法协调，导致全校的各个学科专业被悉数划归到不同的平台（基地）中，最终导致有平台（基地）之名，而无优化创新资源之实。可以说，这种以整个高校为资助对象的资助方式下，有限的高等教育资源无法获得有效的利用，是当前一个无法回避的制度上的弊端。

第三，资金总量不足，配置效率不高。"985工程"一期、二期分别规划投入约300亿元人民币，平均每年60亿元人民币。其中，北京大学和清华大学所定的目标是建设世界一流大学,分别获教育部"985工程"一期专项资助18亿元,1999~2001年分3年支付。另经教育部与高校及其所在省、市、自治区和主管部门协商,决定通过共建的方式增加中国科技大学、南京大学、复旦大学、上海交通大学、西安交通大学、浙江大学和哈尔滨工业大学这7所高校为"985工程"建设高校,分别获得6亿元以上的专项资金,其建设目标为"国内一流、国际知名高水平大学"。这"2+7"所高校被俗称为中国的常青藤高校。而后,教育部与其他25所国内优秀高校签约,以"国内外知名高水平大学"为建设目标,其专项经费仅有1亿~4亿元不等。

以"985工程"一期为例,仅300亿元的专项资金,"2+7"高校就分去四成,其余25所高校平均每年仅能获得不足1亿元的专项资金,而对于一个几万人的大型高校的建设来说,可谓杯水车薪。此外,多个省、市(特别是在内陆地区)的配套资金迟迟无法到位,也使工程效果大打折扣。各个高校的资助金额不是通过竞争、按照实际发展需要确定,而是通过与政府磋商确定。在这种资金配置方式下,究竟效率怎么样,是否最大限度地提高了"985工程"高校的科研与教学水平?有很多学者和高校的管理者都对此提出了质疑,然而却由于缺乏具有可信性的实证依据而无法得到重视。

第四,"985工程"内各类建设项目的实施效率及绩效评估机制亟待健全。如何对"985工程"的绩效进行评估?这是一个至今没有答案的难题。说到底,是"985工程"实施机制的问题。以高校为资助和绩效评估对象,这本身就很难操作,且可比性不高。主要原因在于各个高校的实际情况迥异,仅仅监督和评估是否完成可行性规划报告中制定的目标是远远不够的,缺乏横向比较,说服力不强。

对于大规模的发展规划来说,必须具备与之相配套的绩效评估机制和明确的、具有可操作性的评价标准。否则,这种绩效评估机制的局限性,将阻碍该项目的进一步开展，导致其偏离初衷。

总的来说，"985 工程"中，在资助方式、有限资源的配置效率、项目绩效的评估机制等主要环节上仍有待完善。如果针对这些问题，没有找到有效的、可行的解决方案，将直接制约"985 工程"三期的开展和我国建设高水平大学总体规划的实施。

二、国际经验借鉴

针对上述"985 工程"实施过程中出现的问题，通过与国际上类似的高等教育发展项目的比较分析，将探讨如何借鉴他国项目的有益经验，探寻我国"985 工程"未来的改进方向。

如表 2-3 所示，各国的高等教育发展计划通常都是 5 年为一期，韩国的"21 世纪智慧韩国工程"略长，以 7 年为一个阶段。从资助的对象来看，"21 世纪智慧韩国工程"一期和"985 工程"都以高校为资助对象，而"21 世纪智慧韩国工程"二期改变了资助方式，变更为以研究团队为资助对象，与日本"21 世纪卓越基地项目"的资助方式一致。相比之下，德国"卓越计划"的资助方式最为特别，分别对高校、研究团队以及研究生项目给予资助，评估标准也相互独立，体现了系统化和多元化的特色。

表 2-3 四国高等教育发展项目比较

国别	项目名称	项目实施时间	高校（团队）	高校占比	年均投入经费
韩国	"21 世纪智慧韩国工程"一期	1999~2005 年	56	32%	2000 亿韩元（约合 1.8 亿美元）
	"21 世纪智慧韩国工程"二期	2006~2012 年	74（568）	42%	3000 亿韩元（约合 2.7 亿美元）

续表

国别	项目名称	项目实施时间	高校（团队）	高校占比	年均投入经费
日本	"21世纪卓越基地项目"	2002~2006年	92（272）	13%	291.3亿日元（约合3.49亿美元）
德国	"卓越计划"	2006~2011年	37（37）	10.6%	3.8亿欧元（约合5.14亿美元）
中国	"985工程"一期、二期	1999~2007年	39（372）	5.3%	60亿元人民币（约合9.1亿美元）

"21世纪智慧韩国工程"一期覆盖韩国56所高校，占韩国全部普通高等院校的32%，而后又有18所高校的相关项目被批准加入"21世纪智慧韩国工程"二期建设行列。日本"21世纪卓越基地项目"覆盖的学校多达92个，但覆盖比例明显低于"21世纪智慧韩国工程"，仅为13%，且资助研究团队的数目显著少于"21世纪智慧韩国工程"。相比而言，德国"卓越计划"无论从学校数目、研究团队数目以及覆盖比例都明显低于韩国和日本的项目，资助集中度更高、力度更大。从表面上看，"985工程"资助的学校数量与"卓越计划"相当，但相对覆盖率要低1倍。

在各个项目每年的资助总额上，德国"卓越计划"要明显多于日本的"21世纪卓越基地项目"，更多于韩国的"21世纪智慧韩国工程"。"985工程"由于资助的对象为39所高校，而并非其中某些学科，所以虽然每年60亿元人民币的专项资金要明显高于其他国家项目的投入，但平均到每个学科，其获得的专项资助却很少。

通过上述比较梳理可以看出，目前，韩国、日本、德国的有关发展计划都无一例外地以细化的项目或研究团队作为资助的核心对象，唯有"985工程"始终坚持对整个入围的学校进行资助。这其中有多方面的原因，最重要的是我国高等教育发展较晚,且基础较之其他国家略显薄弱,因此在制定高等教育发展规划时更加注重整体高校实力的提升。然而,这种资助方式具有较多弊端,例如,高等教育资源没有按实际发展需求进行分配,资源配置方案没有体现效率与公平兼顾的原则;对工程实施效率也难以建立客观的考评机制,进而无法对工程的绩效给予一个合理的评估;等等。鉴于此,国内多位高等教育专家都建议改革"985工程"专项资金的分配方式,按优势学科或专业而不是学校分配专项资金,以提高建设项目可行性论证和绩效评估的有效性。韩国"21世纪智慧韩国工程"一期的经验也表明,以高校为对象的资金分配方式很难发挥资金的利用效率,且建设成效缺乏横向比较,验收评估结果颇具争议。

另外,从资金资助策略上来看,日本"21世纪卓越基地项目"的经验表明,在高等教育专项经费十分有限的情况下,通过缩减建设范畴可以提高资助的强度,放大对优势学科、重点项目资助的效果。例如,日本政府在"21世纪卓越基地项目"的基础上,于2007年启动了以建设世界一流教育研究基地为目标的"全球卓越基地项目",将所资助的研究团队数量削减了一半,并把每个资助对象的年资助额度下限提高了5倍。因此,鉴于我国高等教育资源并不十分充裕的现状,在有限的资源下不宜再扩大工程的资助范畴,并可以考虑在前期绩效验收的基础上适当缩减资助高校的数目。

比较而言,德国"卓越计划"的经验更值得我国借鉴。"卓越计划"的资助方案更加系统化和立体化,资助对象有高校、研究生培养项目、研究团队,资源配置方案更加具体,资助金额按可行性申请报告进行专业的第三方评审。建设绩效评估标准也细化为3类不同的标准,具有较强的可操作性,同时聘请国外专业的项目评估团队执行评估任务,体现客观性和公正性。"985工程"三期(2010~2013年)以科技创新平台与哲学社会科学创新基地为主题,并以此为基础突出"985工程"的建设重点。

总的来说,"985 工程"缺乏具体、可行的评估标准,迫切地需要对资源配置方案的效率以及"985 工程"实施的效率进行客观的评价。这也正是本书研究的主要内容。

第四节 本章小结

本章首先对"985 工程"的启动与实施的基本情况进行了简单的回顾,"985 工程"制定了 3 个层次的目标,将清华大学和北京大学建设成为世界一流大学;将南京大学等 7 所高校建设成为世界知名的大学;将其他 30 所高校建设成为国内知名的高水平大学。同时,明确了"优势学科创新平台项目"与"985 工程"的联系与区别。

其次,分别详细介绍了"985 工程"中科技创新平台和哲学社会科学创新基地建设的内涵以及"国家建设高水平大学公派研究生项目"的实施情况,从不同侧面反映"985 工程"的开展现状。2012 年,"985 工程"以国际科技前沿和国家重大需求为导向,以突出特色、实现跨越式发展为宗旨,围绕经济建设和社会发展中的重大问题,已经建设平台和基地共计 372 个,其中Ⅰ类平台 86 个,Ⅱ类平台 172 个,Ⅰ类基地 76 个,Ⅱ类基地 38 个。

再次,比较分析了韩国、日本及德国的高等教育重大项目的开展情况。韩国和日本作为中国的东亚邻居,也几乎在同期启动了各自的高等教育改革发展规划,并开始具体实施建设世界一流大学的长期计划。其中,"21 世纪智慧韩国工程"于 1999 年启动,为期 14 年,预计将投入 3.5 万亿韩元(约合 4.5 亿美元)。其总体目标是重点建设一批高水平大学和重点学科,进一步改革和完善韩国的高等教育体制，充分发挥其高等教育的特点和优势。2002 年，"21 世纪卓越基地项目"对选定的 50 所大学所申报 113 个优势项目给予了 182 亿日元的财政资助，此后获得批准的卓越基地陆续增加，截至 2005 年，"21 世纪卓越基地项目"累计对 272 个卓越基地投入了 1165.02 亿日元。2006 年，作为现代高等教育发源地的德国也推出了高等教育改革的新举措，启动"卓越计划"，希望改善德国拥有世界优秀大学但却缺乏世界一流大学的窘境。同时，也分别对这些项目所呈现的问题及经验进行了总结。

最后，基于对上述不同国家所开展的高等教育中长期发展计划的比较分析，总结出我国"985 工程"实施中遇到的主要问题，例如，"985 工程"与我国高等教育事业发展现实仍不协调；资助对象的类别及方式有待改进；资金总量不足，配置效率不高；项目实施效率及绩效评估机制亟待健全；等等。归根结底，在"985 工程"中，在资助方式、有限资源的配置效率、项目绩效的评估机制等主要环节上仍亟待完善。同时，结合国际经验对未来"985 工程"的改进方向提出建议。随后，结合第三章、第四章、第五章中对"985 工程"实施效率的实证研究，本书将在第六章中对"985 工程"的开展提出更加具体、详尽且有针对性的政策建议。

第三章 "985 工程"资源配置效率的经济学分析

我国高等教育资源配置模式总体上可分为两个阶段。1949～1985 年，采用的是"基数 + 发展"的模式，其特点是经费配额以其上一年度所得份额为基础，适当考虑本年度发展情况。在我国高等教育发展的初级阶段，由于高校数量少，这种简明易行的渐进式经费分配模式在实现政府对高校财政的集中管理中起到了一定的积极作用。1985 年至今，开始实行"综合定额 + 专项补助"的资源配置方式，并执行"包干使用，超支不补，节余留用"的原则。其中，主要部分为"综合定额"，根据高校类型、规模和在校生人数确定；辅助部分为"专项补助"，主要是由财政部门和教育主管部门根据高校发展建设的特殊需要而额外提供给高校的专项经费[①]。

目前，随着建设世界一流大学力度的不断加大，"专项补助"与"综合定额"之间的比例关系增长发生前所未有的转变。国家财政部、教育部为相继

---

① 吴伟，刘志民，郭霞. 我国高等教育财政经费拨款机制与模式的改革方向探索［J］. 高教经济，2005（4）：49 - 51.

开展的"211工程""985工程"都筹划了大量的专项建设资金,体现了我国高等教育资源的分配方式改革的新尝试,也顺应了国家争相建设本国世界一流水平大学的潮流。然而,对高等教育资源配置方式的质疑和激烈争论也随之而来,成为当前高等教育界的热点问题。

第一节 高等教育资源配置现状与效率研究

一、我国高等教育的资源配置

通常来说,高等教育资源是一切以开展高等教育活动为目的而投入的人力、物力、财力等要素。具体来说,人力包括专任教师、教辅人员及行政管理人员等,物力包括教学设备与科研设施以及材料等,财力包括库存现金、银行存款等货币资源[①]。在转化为这些资源形式之前,高等教育资源的原型通常以资金的形式存在。在我国,大部分的高校为公立高校,其办学资金主要来自政府及相关部门,而高等教育资源配置的研究重点就是来自政府及相关部门的、有限的高等教育经费在各个高校间进行配置的策略、措施及效果等问题。

我国高等教育资源的配置体现了以下两大原则:

第一,高等教育资源配置必须符合国家高等教育事业的长远发展规划。最新发布的《国家中长期教育改革和发展规划纲要(2010~2020年)》指出,

---

① 曾小彬,刘芳. 论高等教育资源的类别及其配置结构[J]. 天津师范大学学报(社会科学版),2007(4):67-69.

未来10年我国高等教育发展的主要任务是全面提高高等教育质量、人才培养质量、科学研究水平，增强社会服务能力，同时，特别强调要优化高等教育结构，突出高校办学特色，并加快建设一流大学和一流学科。因此，高等教育资源配置政策也应相应地进行调整，旨在发挥政策指导和资源配置的作用，引导高校合理定位，克服同质化倾向，形成各自的办学理念和风格，在不同层次、不同领域办出特色，争创一流。

第二，高等教育资源配置必要坚持"公平"与"效益"兼顾，以"效益"为主的原则。目前，"综合定额+专项补助"的资源配置方式虽然在"透明性"和"公平性"方面较"基数+发展"的方式有了较大改进，但有的学校不顾自己的师资和设施条件以及社会的实际需求，盲目增设专业和扩大招生。由此所带来的是专业的重复设置、教育投资分散、教学质量低、规模效益差等不良后果。显然，这种看似"公平"的配置方式，是以牺牲"效益"为前提的，实际上丢弃了"公平"的本来意义①。

1998年以后，随着我国经济发展速度进一步提升，高等教育资源的规模也不断扩大。改革开放后，各行各业对高级人才的需求与日俱增，有力地推动了高等教育的发展，高等教育资源规模不断增加，迎来了我国高等教育的大发展时期。2008年，我国财政性高等教育经费支出达2062亿元，占全部财政性教育经费的19.7%。2009年，财政性教育经费支出较2008年增长17.05%，达12231.09亿元（占GDP的3.59%），全国普通高等学校生均预算内事业费支出已达8542.30元。可以说，中国高等教育已从精英教育阶段步入大众教育阶段。

---

① 常晓宁. 高等教育资源配置的现状及实现优化配置的途径［J］. 中山大学学报（自然科学版），2004，43（增刊）：251-253.

二、"985 工程"资源配置概况

按照"985 工程"的整体规划,工程建设资金由多方共同筹集,工程设立之初就积极鼓励有条件的部门、地方和企业筹集资金共建有关"985 工程"高校。其中,中央专项资金重点用于学科与科技创新平台、哲学社会科学创新基地以及师资队伍、人才培养、条件设施、国际交流与合作等重点环节,其他资金则由"985 工程"学校根据自身建设规划及开展进度进行安排和调整。

"985 工程"一期(1998~2001 年)计划投入专项资金约 300 亿元(见表 3-1),实际到位的建设资金共计 255 亿元。其中,中央专项资金 140 亿元,部门和地方安排共建资金 115 亿元。"985 工程"二期(2004~2007 年)计划投入不低于一期,而实际建设资金多达 414 亿元,主要是各"985 工程"高校扭转观念,开始重视来自企业等资金的筹措。其中,中央专项资金 191 亿元,部门和地方安排共建资金 128 亿元,其他渠道建设资金 95 亿元。从"985 工程"二期开始,建设方式有所转变,由原来的整校建设转变为以科技创新平台和哲学社会科学创新基地为对象,其建设资金的使用安排也依托创新平台(基地)而制定。其中,用于科技创新平台和哲学社会科学创新基地建设的资金约为 237 亿元,用于人才队伍建设的资金约为 62 亿元,用于其他项目建设的资金约为 115 亿元。

表 3-1 "985 工程"一期专项建设经费预算

学校	预算(亿元)	学校	预算(亿元)
清华大学	18	中南大学	6
北京大学	18	大连理工大学	4
南京大学	12	重庆大学	5.4
复旦大学	12	四川大学	7.2

续表

学校	预算（亿元）	学校	预算（亿元）
上海交通大学	12	电子科技大学	5.6
西安交通大学	9	中山大学	12
浙江大学	14	华南理工大学	4
南开大学	共享14	兰州大学	4.5
天津大学		东北大学	4
山东大学	12	同济大学	6
华中科技大学	6	北京师范大学	12
吉林大学	7	中国人民大学	未公开
厦门大学	6	中国科学技术大学	9
武汉大学	8	哈尔滨工业大学	10
中国海洋大学	3	西北工业大学	9
东南大学	6	北京理工大学	10
湖南大学	4	北京航空航天大学	9

从高等教育的层面看，对"985工程"共建高校的专项资金属于"综合定额"之外的"专项补助"，是依据我国建设世界一流或世界知名高校的长期目标而制定的高等教育资源配置方案。从"985工程"建设高校的层面来看，基于不同的建设目标，专项资金配额的确定通常是通过教育部、相关部门、高校多方协商确定，往往受制于地方政府的财政收入情况。因此，"985工程"专项资金配置过程往往缺乏透明性和效益原则，而缺失透明性必然会导致丧失公平。此外，资金配置与效益评估脱节，导致高等教育资源的配置方案缺乏效率，也必然会影响"985工程"的整体绩效。

三、资源配置效率的研究动态

从经济学的角度来看，有效率是指在技术效率和配置效率都达到最优时的经济状态①。目前，已经有大量关于工业部门内部技术效率的范畴或决定因素的实证研究，如 Alvarez 和 Crespi（2003）、Gumbau – Albert 和 Maudos（2002）等的研究，而有关配置效率的系统性研究较少②。而且，有关资源效率配置的实证研究大部分集中在金融部门，代表性的研究如 Brissimis 等（2010）、Topuz 等（2005）所做的研究；Chavas 等（2005）以及 Grazhdaninova 和 Zvi（2005）的研究则以农业生产部门为研究对象。

资源配置效率通常是研究在产出一定的情况下，使成本最低的最优投入组合，或者调整投入组合方式能带来多少效益。同时，资源配置效率的研究对于生产过程的分析也非常重要，如成本函数估算、规模效应、成本价格弹性等③，或计算生产力指数等④。在高等教育领域的资源配置效率问题的研究较少，如 Giménez 和 Martínez（2006）所做的研究。

在高等教育领域，由于高校产出产品的特殊性，通常很难建立令人信服的生产前沿面，相关方法较难实现。Adams 和 Clemmons（2009）提出一种间接考察高校资源配置效率的方法，提出分解高等教育行业总体生产效率的变动，并分析其生产效率增长的主要来源，从而从一个侧面反映高等教育行业内资源配置效率的变化。

目前，针对"985 工程"资源配置效率的研究极少，其主要原因是受限于数据的可获得性。一些研究通过构建随机前沿面或用于数据包络分析法等按

---

① Badunenko O., Fritsch M., Stephan A.. Allocative efficiency measurement revisited—Do we really need input prices? [J]. Economic Modelling, 2008, 25 (5): 1093 – 1109.

② Greene W.. Frontier production functions [M] //Pesaran M. H., Schmidt P., editors. Handbook of Applied Econometrics Volume Ⅱ: Microeconomics [M]. Oxford: Blackwell Publishers, 1997: 81 – 166.

③ Kumbhakar S. C., Wang H – J.. Pitfalls in the estimation of a cost function that ignores allocative inefficiency: A Monte Carlo Analysis [J]. Journal of Econometrics, 2006, 134 (2): 317 – 340.

④ Raa T. T.. Aggregation of productivity indices: The allocative efficiency correction [J]. Journal of Productivity Analysis, 2005, 24 (2): 203 – 209.

"985工程"高校的生产效率进行排名,并在此基础上进一步探讨资源配置效率问题(详见第四章有关方法的讨论)。笔者认为,由于高校生产过程及产品形式的复杂性,通过上述方法较难得到被广泛认同的结论。面对当前缺乏微观数据的困境,只适合通过分解高等教育行业总体生产效率的增长,对高等教育资源配置效率的走势进行研究,毕竟实现对未实施的配置方案效率的定量测算是一项极其艰巨和富有争议性的话题。

因此,本章应用 Foster 等(2001)提出的动态权重分析法将科研与教学生产力的增长分解为高校内、高校间及协方差三部分,借此对教育部对其直属高校的资源配置效率及科研与教学生产效率变化进行了分析。进一步,通过对样本内"985工程"高校和非"985工程"高校的科研与教学产出效率变化的分解,可以实现对有限教育资源分配效率的分析,并深度剖析"985工程"对相关高校科研与教学能力提升的推动作用,为后续高校生产效率因素问题的研究进行铺垫。

第二节 研究设计

一、数据与基本变量描述

1. 科研型教师与教学型教师

高校生产效率指标(生产力指数),一般分为科研产出率和教学产出率两类,其数学表达式如式(3-1)所示:

$$P_{it}^{j} = \frac{X_{it}^{j}}{F_{it}^{j}}, \quad j = R, I \tag{3-1}$$

式中，X_{it}^{j} 表示高校产出量，包括发表论文数量、出版专著数量或各类毕业生人数等；F_{it}^{j} 表示专任教师人数，可进一步划分为科研型教师和教学型教师。此外，上标 j 用于区分科研或教学产出，R 和 I 分别代表科研和教学，下标 i 表示高校，t 表示年份。

通常来说，高校的专任教师既从事科研工作，同时又承担一定的教学任务。因此，无论在时间上还是在精力上，科研工作与教学工作之间都存在不同程度的冲突，所以实际专任教师数目并不能代表真正投入到教学或科研工作中的教师规模。若假定，这些科研和教学活动是相互独立的，那么有关科研和教学的生产力情况就可以分开来考虑。然而，这个假设对于培养研究生的专任教师来说略显不够合理，因为其科研成果和教学成果在某种程度上是共同产生的。因此，该假设的前提是，必须能容忍在划分科研型教师和教学型教师时所产生的一些错误，这是一种不可避免的代价。倘若将研究生教育从教育产出中剔除，则会导致研究型高校的经费支出数据产生严重的错误。另外，如果能够获得专任教师的工资构成（工资总额等于科研工资与教学工资的总和），将能构造出更加合理的权值。综合以上各方面的考虑，本章最终以科研经费和教育经费支出比例为权值，将专任教师分成科研型教师和教学型教师两个部分。

虽然在本面板数据中，教育经费支出并未区分对本科生教育支出和研究生教育支出两个类别，使该划分方法谈不上完美。但是，该假设明显地顾及了高校多种产出的特点，使高校的专任教师不再同时担任教学和科研双重任务，改进了相关研究的效果。

本节利用高校科研经费支出与教育经费总支出的比值，设定科研型专任教师的权重，如式（3-2）所示：

$$w_{it}^R = E_{it}^R / (E_{it}^R + E_{it}^I) \tag{3-2}$$

式中，E_{it}^R 表示高校 i 在第 t 年的科研经费支出额，E_{it}^I 表示高校 i 在第 t 年的教学经费支出额。

由此，某高校 i，在第 t 年的科研型教师规模 F_{it}^R 和教学型教师 F_{it}^I，可分别表示为式（3-3）和式（3-4）：

$$F_{it}^R = w_{it}^R \times F_{it} \tag{3-3}$$

$$F_{it}^I = (1 - w_{it}^R) \times F_{it} \tag{3-4}$$

式中，F_{it} 表示高校 i 在第 t 年的专任教师总人数。

如表 3-2 所示，2001~2007 年教育部直属高校平均专任教师规模为 1680 人，按照科研经费权重估算的科研型教师人数约为 292 人，教学型教师人数约为 1388 人。教育部直属高校的专任教师总量平均以每年近 3% 的速率增长，其中科研型教师的增长率高达 6.9%，超过教学型教师 2.2% 的年增长。同时，通过比较"985 工程"高校与非"985 工程"高校的师资情况可以看出，"985 工程"高校的专任教师规模以及科研型教师占比均明显高出非"985 工程"高校。总体来看，"985 工程"高校的师资规模增长幅度高于非"985 工程"高校，而科研型教师的增长幅度却低于非"985 工程"高校的年增幅。

表 3-2 教育部直属高校科研型与教学型教师的基本情况

高校师资 均值	教育部直属	"985 工程"高校	非"985 工程"高校
校均教师总量（人）	1680	2199	1219
科研经费占比（%）	0.16	0.19	0.12
科研型教师（人）	292	431	169
教学型教师（人）	1388	1768	1050

续表

高校师资年均增长率（%）	教育部直属	"985工程"高校	非"985工程"高校
校均教师总量（人）	0.029	0.033	0.026
科研经费占比（%）	0.029	0.034	0.034
科研型教师（人）	0.069	0.062	0.085
教学型教师（人）	0.022	0.026	0.017

图3-1和图3-2是有关科研型教师和教学型教师的变化趋势。为了研究其累计增长并便于比较，本章将2001年作为基年进行考察。2001~2007年，教育部直属"985工程"高校的科研型教师累计增长率约40%，非"985工程"高校累计增长率近60%；而教育部直属"985工程"高校的教学型教师累计增长率仅为17%左右，非"985工程"高校的教学型教师累计增长率更低，仅为8%，详见图3-1和图3-2。这表明中国教育部直属高校正往研究型大学迈进，其科研型教师变得越来越多。

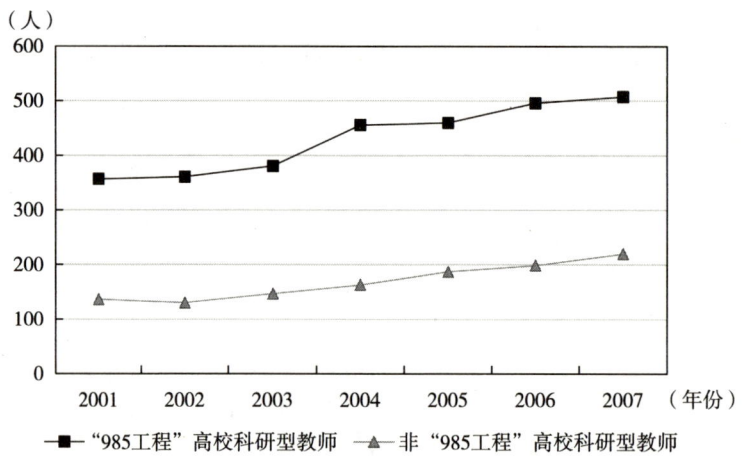

图3-1 2001~2007年教育部直属高校的科研型教师增长情况

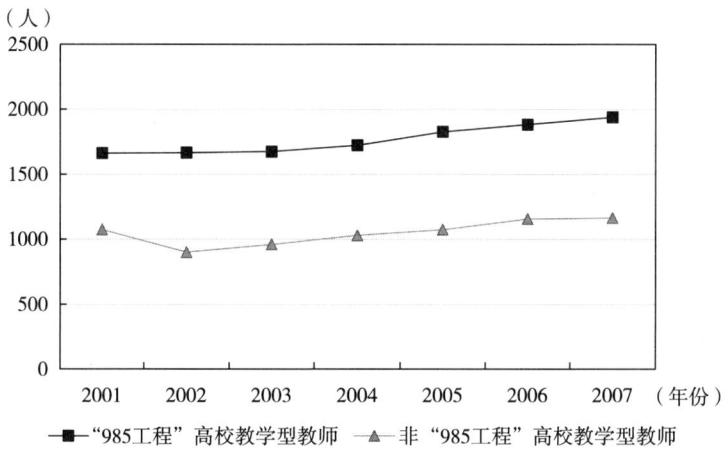

图 3-2 2001~2007 年教育部直属高校的教学型教师增长情况

2. 科研产出与教学产出

在有关高校科研产出的研究中,大多采用发表文章数作为科研生产力的评价指标。本书在发表文章数的基础上,又增设了在国外期刊发表的论文数、出版专著数两个指标共同体现高校的科研产出水平。由于无法获得更微观的数据(如所发表的杂志的水平、文章被引用次数等),所以仅能假定高校所产出的论文、在国外期刊发表的论文以及出版专著的质量水平皆服从正态分布。2001~2007 年,高校发表文章累计 1373543 篇,其中,在国外期刊发表的论文 9872 篇,此外共出版专著 50909 部。类似地,本科毕业生人数和研究生毕业生人数是教育产出的重要指标,但也面临着缺乏质量维度的问题。

如表 3-3 所示为校均科研与教学产出的基本情况,包括发表论文总数、在国外期刊发表的论文数、出版的专著总数;本科和研究生毕业生人数。类似地,也分教育部直属高校、"985 工程"高校和非"985 工程"高校三个子样本来进行比较分析。其中,教育部直属高校平均每年发表学术论文约 2886 篇,其中，在国外期刊发表约 520 篇，同时出版专著约 107 册。教育部直属高校每年校均为社会提供近 5000 名本科及硕士、博士毕业生，其中本科毕业生占全部毕业生人数的 70%。相比较而言，"985 工程"高校无论发表的论文数还是毕业生规模等产出指标上都明显超过非"985 工程"高校，体现出"985 工程"高校在科研与教学两个方面的整体优势，特别是在科研产出和研究生培养方面优势更为显著，如"985 工程"高校在国外期刊上发表的论文数约为非"985 工程"高校的 5 倍。

表 3-3 教育部直属高校校均科研与教学产出情况

高校产出	教育部直属	"985 工程"高校	非"985 工程"高校
科研产出的均值			
论文（篇）	2886	4440	1504
国外期刊论文（篇）	520	903	183
专著（部）	107	157	63
教学产出的均值			
本科毕业生（人）	3318	4031	2684
研究生毕业生（人）	1318	1999	713

3. 科研生产效率与教学生产效率

如表 3-4 所示，教育部直属高校的科研型教师平均每人每年产出约 15 篇学术论文，出版约 1 部专著。与预期不同，"985 工程"高校上述两个生产效率指标明显低于非"985 工程"高校。"985 工程"高校在国外期刊发表论文的单位产出超过非"985 工程"高校 65%。这种反差恰恰体现了高校科研产出中的巨大质量差异。换句话说，"985 工程"高校的高质量科研成果的产出率普遍高于非"985 工程"高校。

表3-4 教育部直属高校校均科研与教学生产效率情况

高校生产力	教育部直属	"985工程"高校	非"985工程"高校
科研生产效率均值			
论文/科研型教师（篇）	15.32	11.58	18.65
国外发表的论文/科研型教师（篇）	1.64	2.08	1.26
专著/科研型教师（部）	0.98	0.56	1.36
教学生产效率均值			
毕业生/教学型教师（人）	3.58	3.78	3.41
本科生/教学型教师（人）	2.58	2.52	2.63
研究生/教学型教师（人）	1.00	1.25	0.78

在本科生产出效率方面，两类高校的相差不大，非"985工程"高校略高一些。"985工程"高校在研究生产出效率上优势比较明显，为非"985工程"高校研究生培养效率的1.6倍。

如图3-3和图3-4所示，2004～2005年，"985工程"高校与非"985工程"高校的教学生产效率发生了倒置。2005年开始，"985工程"高校的年均单位教学型教师产出的本科生及研究生人数都低于非"985工程"高校。

2001～2004年，"985工程"高校的本科毕业生产出效率增长速度较快，特别是2004年增速达90%。2004～2006年速度有所下降，2006年后又开始平缓回升。非"985工程"高校除2006年略有回落外，一直保持平缓上升的状态，且2005年开始超越"985工程"高校。研究生产出效率也有类似的变化趋势。究其原因，可能是由于众多高校纷纷提出建设研究型大学，不断扩大研究生培养规模，使单位教学型教师培养出的研究生数不断攀高，截至2007年底这一指标已达到3.38。

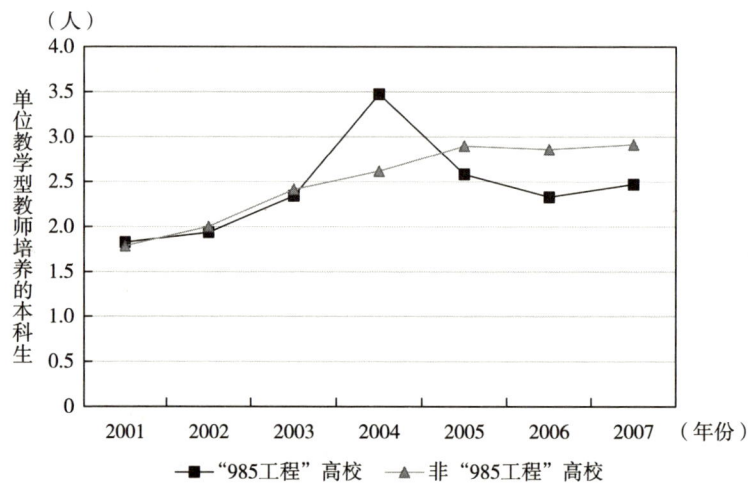

图 3-3　2001~2007 年教育部直属高校校均本科生生产效率

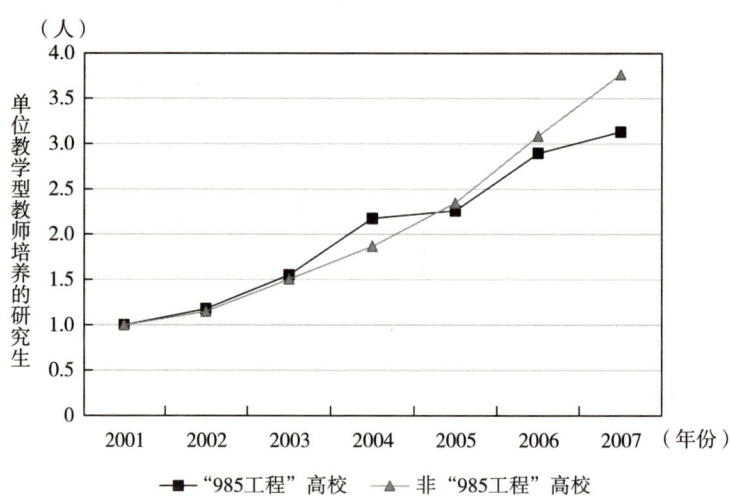

图 3-4　2001~2007 年教育部直属高校校均研究生生产效率

二、生产效率变化的动态权重分析

为简单起见,本部分内容将以科研生产效率增长时的情况为例进行研究,教学生产效率情况类似。本书将高校科研与教学生产效率的增长定义为当年生产效率与上一年生产效率的差值,并结合动态权重分析法将其分解为高校内、协方差及高校间三个部分,稍后结合数学表达式对其含义进行解释。前者用于考察每所高校自身生产效率的增长对整个高等教育行业生产效率增长的影响,协方差与高校间部分用于考察高等教育行业内资源配置变化对整个高等教育行业生产效率增长的影响。

根据上述高校生产效率增长的定义,可得式(3-5):

$$\Delta P_t = P_t - P_{t-1} \tag{3-5}$$

通过运用拆分、合并的数学技巧,式(3-5)可分解为如式(3-6)所示:

$$\begin{aligned}\Delta P_t^R &= \sum_{i=1}^n s_{it}^R P_{it}^R - \sum_{i=1}^n s_{it-1}^R P_{it-1}^R \\ &= \sum_{i=1}^n s_{it}^R P_{it}^R - \sum_{i=1}^n s_{it-1}^R P_{it-1}^R + \sum_{i=1}^n s_{it}^R P_{it}^R - \sum_{i=1}^n s_{it-1}^R P_{it}^R \\ &= \sum_{i=1}^n s_{it-1}^R \Delta P_{it}^R + \sum_{i=1}^n s_{it}^R P_{it}^R - \sum_{i=1}^n s_{it-1}^R P_{it}^R \end{aligned} \tag{3-6}$$

进一步地,再次运用增项、减项技巧,将式(3-6)分解为如式(3-7)所示:

$$\begin{aligned}\Delta P_t^R &= \sum_{i=1}^n s_{it-1}^R \Delta P_{it}^R + \sum_{i=1}^n s_{it}^R P_{it}^R - \sum_{i=1}^n s_{it-1}^R P_{it}^R + \\ &\quad \sum_{i=1}^n s_{it}^R P_{it-1}^R - \sum_{i=1}^n s_{it}^R P_{it}^R + \sum_{i=1}^n s_{it}^R P_{it-1}^R - \sum_{i=1}^n s_{it-1}^R P_{it-1}^R \\ &= \sum_{i=1}^n s_{it-1}^R \Delta P_{it}^R + \sum_{i=1}^n \Delta s_{it}^R \Delta P_{it}^R + \sum_{i=1}^n \Delta s_{it}^R P_{it-1}^R \end{aligned} \tag{3-7}$$

至此，式（3-7）中已经分解出高校内和协方差效应。

另外，由

$$\sum_{i=1}^{n} s_{it}^{R} = \sum_{i=1}^{n} s_{it-1}^{R} = 1 \qquad (3-8)$$

可得到

$$P_{t-1}^{R} \sum_{i=1}^{n} (s_{it}^{R} - s_{it-1}^{R}) = \sum_{i=1}^{n} \Delta s_{it}^{R} P_{t-1}^{R} = 0 \qquad (3-9)$$

将式（3-9）加入到式（3-7）中，可推导出高等教育行业的科研生产效率增长（ΔP_{t}^{R}）的分解形式，如下：

$$\Delta P_{t}^{R} = \underbrace{\sum_{i=1}^{n} s_{it-1}^{R} \Delta P_{it}^{R}}_{\text{高校内}} + \underbrace{\sum_{i=1}^{n} \Delta s_{it}^{R} \Delta P_{it}^{R}}_{\text{协方差}} + \underbrace{\sum_{i=1}^{n} \Delta s_{it}^{R} (P_{it-1}^{R} - P_{t-1}^{R})}_{\text{高校间}} \qquad (3-10)$$

其中，科研产出的动态权重（s_{it}^{R}）定义为，高校 i 的科研产出占行业科研总产出的比例，即

$$s_{it}^{R} = \frac{Q_{it}^{R}}{\sum_{i=1}^{n} Q_{it}^{R}} \qquad (3-11)$$

最终，高等教育行业的总生产效率增长被分解成式（3-10）中的三个部分。"高校内"部分，即各高校前期产出权重与当期生产效率变化乘积的累加和，用于表示不同产出份额的高校的生产效率增长对整个行业生产效率增长的促进作用，属于行业生产效率变化的主要部分。"协方差"部分，即各高校产出权重变化与当期生产效率变化乘积的累加和，其符号的变化可以反映高等教育行业内资源配置的有效性。一般来说，若为负值，则说明产出权重增加的高校，其生产效率水平却在降低，这往往是导致整个行业生产效率降低的原因之一；若为正值，则说明产出权重与生产效率水平同向变化，即促进行业生产效率的提升。"高校间"部分，即各高校产出权重变化与高校生产效率与行业平均生产效率水平差异的乘积的累加和，用于考察产出份额较大的高校，其生产

力水平是否高出行业生产力的平均水平,进而体现资源分配对行业生产效率增长的导向作用。

基于对上述三个部分的测算,并结合对"985 工程"高校与非"985 工程"高校生产效率增长分解的比较分析,将能够从一个侧面反映出"985 工程"资源配置效率的基本变化情况以及对我国高等教育行业生产力发展的影响程度。

第三节 实证结果及分析

通常来说,影响行业生产效率变化的因素很多。依照上述实验设计,本书希望通过对高校生产效率增长的分解,实现对高校自身生产效率及行业资源配置效率变化的全面剖析。

一、科研生产效率与资源配置效率分析

本节首先从论文产出效率、国外期刊发表的论文产出率及专著产出率三个指标,对"985 工程"高校与非"985 工程"高校的科研产出情况进行比较分析。如表 3-5 所示,论文产出率(单位科研型教师发表的论文数)以及在国外期刊发表的论文产出率呈现明显的增长趋势,而专著产出率(单位科研型教师出版的专著数)却呈现出极小幅度的负增长。相比非"985 工程"高校,"985 工程"高校的论文与在国外发表的论文产出率增长幅度较大,分别达到 17% 和 7%,为非"985 工程"高校的 2 倍多;而其专著产出率的下降也略快。

表 3-5　教育部直属高校总体科研生产力增长情况解析

科研生产力评价指标		直属高校（68 所）		"985 工程"高校(32 所)		非"985 工程"高校(36 所)	
发表论文/ 科研型教师（篇）	总增长	0.145	(1.000)	0.169	(1.000)	0.073	(1.000)
	高校内	0.116	(0.796)	0.145	(0.858)	0.030	(0.416)
	协方差	0.059	(0.409)	0.047	(0.275)	0.079	(1.091)
	高校间	-0.030	(-0.205)	-0.022	(-0.133)	-0.037	(-0.507)
国外发表论文/ 科研型教师（篇）	总增长	0.064	(1.000)	0.070	(1.000)	0.031	(1.000)
	高校内	0.043	(0.682)	0.047	(0.674)	0.010	(0.314)
	协方差	0.068	(1.064)	0.067	(0.953)	0.052	(1.698)
	高校间	-0.048	(-0.747)	-0.044	(-0.627)	-0.031	(-1.012)
出版专著/ 科研型教师（部）	总增长	-0.005	(1.000)	-0.005	(1.000)	-0.004	(1.000)
	高校内	-0.016	(3.435)	-0.016	(3.359)	-0.015	(3.561)
	协方差	0.019	(-4.002)	0.018	(-3.657)	0.019	(-4.456)
	高校间	-0.007	(1.567)	-0.006	(1.298)	-0.008	(1.895)

注：括号中数字分别表示"高校内"部分、"协方差"部分和"高校间"部分科研生产力增长占总增长的比例。

就论文产出效率而言，在科研生产效率增长分解的三部分中，"高校内"部分对高等教育行业总体科研生产效率增长促进作用最大，说明教育部直属高校科研生产效率的提升主要依赖于各个学校自身的科研实力的提升和发展。然而，在对国外发表论文的产出率分析中，发现"协方差"效果甚至大于"高校内"效果，成为推动科研生产效率增长的主要来源，但是这种由科研资源配置效率优势带来的增长很大程度上被"高校间"效果所抵消。换句话说，部属高校的科研生产效率增长同时受单个高校生产效率增长幅度与高等教育行业科研资源配置效率的双重影响，且科研资源的配置效率正在向合理方向转移，但仍未能够通过合理配置资源实现科研生产效率增长的最大化。此外，高校的专著产出率却呈整体下降,一方面是由于对学术专著质量要求的提高,另一方面是由于近年来专著出版成本的不断增加。

从另一个角度来讲,通过对历年高校科研生产效率变动的分解情况的分析,也可看出科研产出整体上呈现出小幅度的持续增长。如图 3-5 所示,教育部直属高校的论文产出率呈显著增长,而专著产出率经历 2003 年突增和 2004 年骤降后持续保持在单位教师产出 0.4 篇论文的水平上。同时,除 2006 年论文与专著生产力的"高校间"因素均为正以外,教育部直属高校的科研生产效率均受到"高校间"的负面影响。也就是说,包括"985 工程"在内的科研经费并未充分向科研生产效率较高的高校倾斜。这种高校间资源配置布局欠合理的状况,正是制约高等教育行业整体生产效率提升的根本原因。尤其是 2007 年,总体论文生产效率及在国外期刊发表的论文生产效率增长受到的负面影响更为显著。

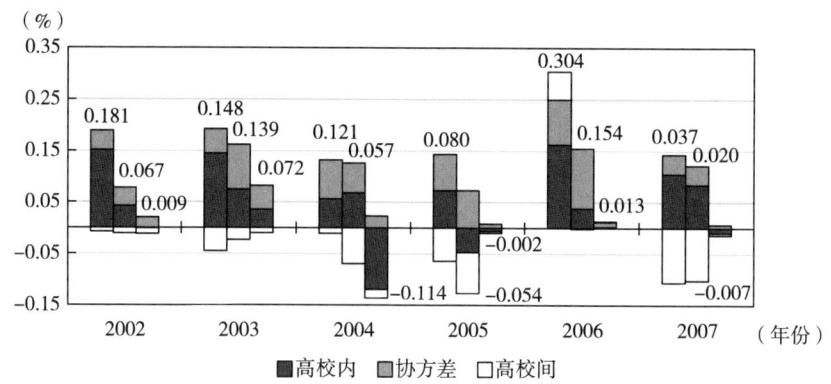

图 3-5 教育部直属高校总体科研生产效率增长情况

注:a. 柱端数值为教育部直属高校总体科研生产效率的年变化率;

b. 每年数据依次为:发表论文数/科研型教师、在国外期刊发表论文数/科研型教师、出版专著数/科研型教师。

二、教学生产效率与资源配置效率分析

2002～2007年，中国高校教学产出情况与科研产出情况基本类似。如表3-6所示，本科、硕士及博士研究生的毕业生产出效率在整体上呈现增长趋势。

表3-6 教育部直属高校总体教学生产力增长情况解析

教学生产力估价指标		直属高校（68所）		"985工程"高校（32所）		非"985工程"高校（36所）	
本科毕业生/教学型教师（人）	总增长	0.124	(1.000)	0.093	(1.000)	0.154	(1.000)
	高校内	0.102	(0.826)	0.077	(0.826)	0.139	(0.904)
	协方差	0.031	(0.248)	0.027	(0.285)	0.034	(0.223)
	高校间	-0.009	(-0.075)	-0.010	(-0.110)	-0.019	(-0.126)
硕士毕业生/教学型教师（人）	总增长	0.134	(1.000)	0.143	(1.000)	0.119	(1.000)
	高校内	0.116	(0.868)	0.117	(0.815)	0.113	(0.947)
	协方差	0.049	(0.369)	0.062	(0.432)	0.021	(0.175)
	高校间	-0.032	(-0.235)	-0.036	(-0.248)	-0.014	(-0.117)
博士毕业生/教学型教师（人）	总增长	0.023	(1.000)	0.026	(1.000)	0.018	(1.000)
	高校内	0.024	(1.022)	0.026	(0.994)	0.015	(0.841)
	协方差	0.008	(0.326)	0.007	(0.286)	0.008	(0.430)
	高校间	-0.008	(-0.333)	-0.007	(-0.273)	-0.005	(-0.271)

注：括号中数字分别表示"高校内"部分、"协方差"部分和"高校间"部分科研生产力增长占总增长的比例。

具体来说，"高校内"部分对整体各个层次上生产效率的推动作用普遍超过80%，体现了近年来样本内高校在提升自身教学生产力上所取得的成绩，

也是高等教育整体生产效率提升的主要动力来源。同时,"协方差"部分也为高校教学生产效率的提升起到了不容忽视的作用。相对于本科生的产出效率而言,硕士及博士研究生的培养效率的"协方差"部分的促进作用更为显著,达整体增长的30%以上。换句话说,近些年来大多数教学生产效率增长的高校,其在行业中的产出份额也在同时增大;反之,则份额同时减小。值得强调的是,其增长效果在很大程度上却被"高校间"部分所削弱。"高校间"部分普遍为负值,表明教学生产率低于行业平均水平的高校,其产出份额在持续增大;而生产效率较高的高校,在产出总量上并未实现较明显的增长。

通过对2002~2007年教学生产的分解可以看出,尽管教育部直属高校的整体教学生产效率呈现出显著的增长,且各高校间的教学产出效率差距在不断缩小,但与此同时,教学生产率水平较低的高校仍承担了较多的教学产出份额,这体现出高校间教学资源仍未实现最优的配置效率。在本科及硕士研究生教学资源分配上,"985工程"高校要优于非"985工程"高校,而在博士研究生教学资源配置效率上,非"985工程"高校却要略好于"985工程"高校。对于"985工程"的管理者和研究者来说,这一现象需要引起高度的重视。

类似地,通过对历年高校教学生产效率的分解变动情况的分析,可考察近一段时期内部属高校教学资源的配置变动情况。如图3-6所示,除2006年本科生教学生产效率为小幅度负增长外,其他各层次教学生产力均呈现不同程度的增长。其中,2002~2005年,本科生教学生产力保持了每年10%以上的增长,特别是2003年达到了34.3%,这主要是恰逢1999年首批大规模扩招的本科生达到毕业年限,且高校扩招推行初期师资力量并未得到及时跟进所引起的。后来,随着高校扩招步伐放缓与教师总量的提升,本科教学生产力的增长趋势逐步放缓。2006年后,高校本科教学生产效率基本与上一年持平。

硕士研究生教学生产效率的变化与本科生教学生产力变化趋势基本一致,但普遍要滞后3年左右时间。此外，相对于本科和硕士研究生阶段的培养而言，博士研究生教学生产效率的增长较为平缓，其年均增长基本维持在1.4%~3.2%。

相比于科研资源配置情况，高校教学资源配置更加有效，即"高校间"效果对高校教学生产力增长阻碍作用相对较小，在2005年之后有更为明显的体现，如图3-6所示。

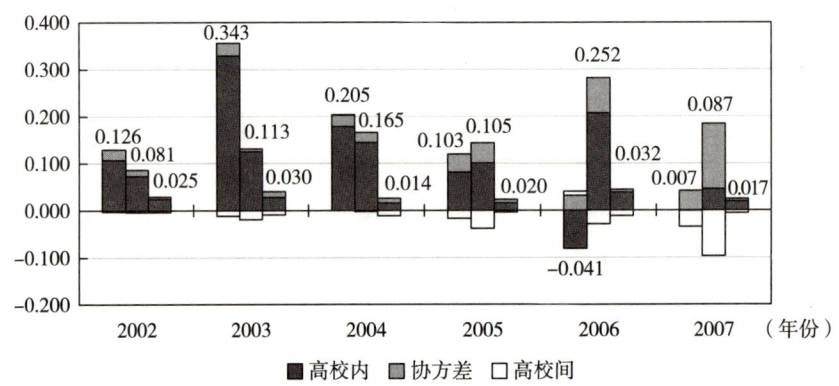

图3-6　教育部直属高校总体教学生产效率增长情况

注：a. 柱端数值为教育部直属高校总体教学生产效率的年变化率；
　　b. 每年数据依次为：本科毕业生/教学型教师、硕士毕业生/教学型教师、博士毕业生/教学型教师。

第四节　本章小结

本章分别对教育部直属"985工程"高校和非"985工程"高校的科研与教学发展走势进行了描述性的趋势分析，发现2001~2007年所有教育部直属高校的科研型教师数目增长迅速，而教学型教师规模变化较为平缓且略有下降；此外，科研经费投入比例不断提高，且"985 工程"高校的科研经费占比一直保持在非"985 工程"高校的 1.5 倍以上；"985 工程"高校的论文生产效率高于非"985 工程"高校，而非"985 工程"高校的著作生产力高过"985 工程"高校；从 2005 年起，非"985 工程"高校的本科生及研究生产出效率均超过"985 工程"高校。

从技术方法角度，本章结合趋势性描述分析运用动态权重分析法，比较分析了教育部直属的"985 工程"和非"985 工程"高校在科研和教学两方面办学效率上的变化及差异，并在此基础上对高等教育有限资源的分配效率展开讨论。最终，得到以下结论：

第一，2001~2007 年，教育部直属高校的各类专任教师、毕业生人数，事业经费投入比例皆呈现出不同程度的增长。同时，"985 工程"高校在规模和效率方面的各项指标普遍优于非"985 工程"高校，尤其是获得了更多的教育事业经费和政府研究与发展（Research and Development，R&D）拨款的支持。

第二，高等教育行业科研生产力的提高，在很大程度上依赖于每个高校自身科研生产力的增长，而高等教育行业内各高校生产效率水平的差异制约了行业科研生产效率的增长，有限资源配置的合理性和有效性没有得到充分的体现。换句话说，虽然目前中国高等教育的科研资源配置正在向合理方向转移，但仍未通过合理配置资源实现科研生产效率的最大化。

第三，相比于科研资源配置情况，高校教学资源配置的效率更优。"985 工程"高校比非"985 工程"高校获得了更多由教学资源配置效率带来的效益，而在博士研究生的培养效率方面，情况却刚好相反，非"985 工程"高校要略好于"985 工程"高校。

毋庸置疑，无论是在高校科研生产效率还是在教学生产效率方面，资金都是起到决定性作用的因素。有充足的资金就可以请到最好的教授,并提供最好的人力配备、财政保障和硬件设施支持等,同时高额奖学金也可以吸引更多优秀的学生,从而将极大地促进高校办学效率的提高。然而,高等教育资源在相当长的时间内都将是有限的,所以必须要考虑资源的分配效率,既不能搞完全的平均主义,也不能过于厚此薄彼、使高校间的"贫富差异"不断扩大。

另外,高校必须根据自身特点合理定位,不能盲目地向"研究型大学"发展。综观耶鲁、麻省理工、剑桥等世界一流的高水平大学,无不重视学生的培养,且都认为高水平本科生和研究生的培养才是创新型大学的重要标志,而不是看发表了多少篇论文、出版了多少部专著。在中国,高等教育管理部分和各高校应加大力度扭转"以论文为导向"的高等教育改革思路,应更加注重学生素质和创新能力的培养。

第四章　高校生产效率的影响因素分析

在"985工程"三期建设规划中，专项资金规模远远超过二期工程。这不仅引发了学者对高校资源配置策略和效率的探讨，也促使"985工程"建设管理部门和学界更加关注高校生产效率及其影响因素的研究。目前，高校的规模扩张与效率提升必须同步协调已经达成共识，但是却缺乏系统、规范的实证研究。因此，本章希望通过构建中国高等院校的生产力方程，并运用最小二乘回归方法及固定效应模型，系统地研究影响我国高校生产效率的关键性因素，为进一步提升中国高等院校的生产效率提供政策建议，也为"985工程"三期管理政策的制定给予实证支持。

第一节　高校生产效率研究及理论基础

高等院校不同于物质生产单位，最大的特点是具有非营利性，同时承担一定的社会服务性，且投入和产出通常没有直接的价格体现。高等院校也是一种特殊的教育机构，同时担负教学与科研两大任务，即培养基础型人才、专业型人才的同时，进行科学研究、技术开发和知识创造。

高校生产效率（也称高校办学效率），指高校在既定成本下所能生产出的最大的产品数量。近些年来，虽然各国政府对高等教育的经费投入逐年增长，但始终无法满足社会及个人对高等教育的需求。更由于高校的经费多来自政府，所以有关高校生产效率的问题备受学界和政府的关注。

早在20世纪70年代，有关高等教育绩效的问题就获得了较广泛的研究。Lindsay（1982）认为，有关高校生产效率的研究可分为以下三类：一是通过不同的指标（如师生比例、毕业生比例等）来评价高校的生产效率的研究；二是应用回归分析方法，发掘影响高校生产效率的相关因素的研究；三是运用数据包络分析方法或生产前沿分析法对各高校的效率排名或变化范围的研究。此后，各类技术方法都得到了不同程度的发展。

从研究方法的角度，可将高校生产效率的研究大致分成两类[①]：计量分析方法，典型的如最小二乘回归（Ordinary Least Square，OLS）方法及随机前沿分析（Stochastic Frontier Analysis，SFA）方法；目标规划决策方法，典型的如数据包络分析方法。其中，最小二乘回归方法属于参数方法，需要依据经济学原理和高校生产实际情况构建出一定的计量模型，并对相关参数进行估计；随机前沿分析方法属于前沿面（Frontier）参数方法，以生产或成本前沿面上的效率为参考，进而评估样本内各对象效率的方法；数据包络分析方法属于前沿面非参数方法，不需预先假定模型的具体形式，也不需对参数进行估计的方

---

① Kuo J‐S., Ho Y‐C.. The cost efficiency impact of the university operation fund on public universities in Taiwan [J]. Economics of Education Review, 2008, 27 (5): 603–612.

法，是基于统计原理进行分析的规划方法①。

通常认为，数据包络分析方法不属于计量方法，是由运筹学家 Charnes 等（1978）为了解决决策单位（DMU）的绩效评价问题而提出的"相对效率评价"系统分析方法，即 CCR 模型。其本质是利用统计数据确定相对有效的生产前沿面，并通过计算不同单元相对生产前沿面的效率差异做出最优决策。此后，在工业、商业、教育等领域的决策分析中，数据包络分析方法都得到广泛的应用，近年来，将数据包络分析方法用于高校生产效率评估的研究中，大都集中在对高校效率的总体评价及排名上，比较有代表性的如 Johnes（2006）、Worthington 和 Lee（2008）、Kao 和 Hung（2008）、Johnes 和 Yu（2008）、Hsu 和 Hsueh（2009）、Ng 和 Li（2009）、Cherchye 等（2010）、Jiménez – Sáez（2011）等所做的研究。相对于数据包络分析方法，随机前沿分析方法在教育领域生产效率问题研究中的应用不太广泛，主要有 Horne 和 Hu（2008）对澳大利亚 36 所大学成本效率的估算；Kuo 和 Ho（2008）利用 1992~2000 年的面板数据研究了专项基金对中国台湾 34 所公立大学成本效率的负面影响；Mensah 和 Werner（2003）应用随机前沿分析方法对高校成本效率与财政弹性的研究；Izadi 等（2002）对英国高校的成本前沿的研究等。属于计量方法的最小二乘回归方法在对学校成本及效率的研究领域中备受青睐，大多数研究都用到该方法，例如，Koshal 和 Koshal（1999）对美国 158 所私立大学及 171 所公立大学的规模及范围经济的研究，研究结果表明课堂大小、本科生 SAT 成绩以及是否提供博士学位对私立及公立大学的总成本将造成不同程度的影响；Koshal 等（2001）对美国教会大学产出总成本方程进行估算，得出教师及教

---

① 李文利，由由. 对高等学校办学效率的实证方法和计量分析技术的探讨 [J]. 教育与经济, 2007（2）: 36 – 40.

师的工资对总成本的影响最大；Hou 等（2009）对中国研究型大学产出成本方程的估算，研究结果表明当全日制研究生和本科生的边际成本增加时大学总成本随之增加；Belfield 和 Fielding（2001）的研究阐述了教学资源（学生素质、教师、设备及日常开支）直接影响英国大学毕业生的劳动回报。可见，最小二乘回归方法能够恰当地、直观地反映出各种输入对输出的影响过程。基于此，为了考察成本投入对高校生产效率的影响过程，本章选取最小二乘回归方法比较分析了高校规模、专任教师人数、经费投入、地理位置等因素对高校生产效率的影响弹性差异，并分别对高校科研生产效率与教学生产效率进行了研究。

在国内，有部分学者对实施了十余年的"985 工程"工程的绩效进行了探索性的分析，但大部分研究集中于探讨师资规模、师资结构、师资配比①，管理体制和运行机制的改革②，实行对研究型大学和教学型大学进行分类管理的宏观管理模式③，科研与教学要两手抓，两手都要硬④，"985 工程"专项资金执行的效率和公开性⑤等，而有关"985 工程"工程绩效及高校生产效率影响因素方面的研究仍有待完善。

---

① 吕艳，孟宪青，王红丽. 从"985"部属院校情况看研究型大学师资队伍建设［J］. 高教发展与评估，2009，25（2）：63-67.
② 赵红军，魏欢. "985 工程"张力的扩展［J］. 求索，2008（4）：157-158.
③ 刘念才，刘莉，程莹等. 实施"985 工程"追赶世界一流大学——从世界名牌大学学术排行变化说起［J］. 中国高等教育，2003（17）：22-24.
④ 彭子成. 实施"985 工程"不能削弱本科教学［J］. 中国高等教育，2005（17）：26-27.
⑤ 王莉华. 我国高等教育的绩效专项经费改革及完善思路——以"211 工程"和"985 工程"为例［J］. 中国高教研究，2008（9）：35-38.

第二节 研究设计

一、数据与基本变量描述

本章针对教育部直属高校的科研生产效率与教学生产效率情况，构建了独特的面板数据集。一方面，通过对该样本数据中"985工程"高校与非"985工程"高校的比较分析，可以从整体上考察我国"985工程"的实施绩效；另一方面，该面板数据集内的高校是中国高等教育的主要教研基地，承担了大量优秀人才的培养，是我国高水平学术研究成果的主要来源。因此，这些高校代表了我国高等教育的未来发展方向，对它们的研究具有重要的现实意义。

该面板数据集包含2001~2007年教育部直属的绝大部分高校，共68所。由于华北电力大学2003年后才被吸纳进来，因此并未包括在该面板数据集中。此外，也排除了中央音乐学院、中央戏剧学院、中央美术学院共3所艺术类高校，最终构成了包含476个观测值的面板数据集。

面板数据集中，主要的基础变量包括专任教师人数、科研产出（包括发表论文数和出版专著数）、教学产出（包括本科毕业生人数和研究生毕业生人数）。同时，还构建了相关控制变量：研究与发展经费投入（R&D，包括政府和非政府投入）、政府教育经费拨款、在校研究生人数、在校本科生人数以及表示"985工程"重点建设高校的虚拟变量、表示高校所在地理位置的虚拟变量等。接下来，将具体对主要变量做进一步描述与分析。

1. 教师人数与高校产出

教师人数，即教育部直属高校的专任教师总人数，按照其职称高低可分为正高级教师、副高级教师、中级教师、初级教师和无职称教师五类。如图 4-1 所示，2001~2007 年样本内各类教师规模的校均变化情况，其中正高级教师、副高级教师和中级教师规模持续稳步增长，而初级教师和无职称教师的人数却在逐年递减。可见，近年来教育部直属高校对高校教师队伍建设水平的要求越来越高。

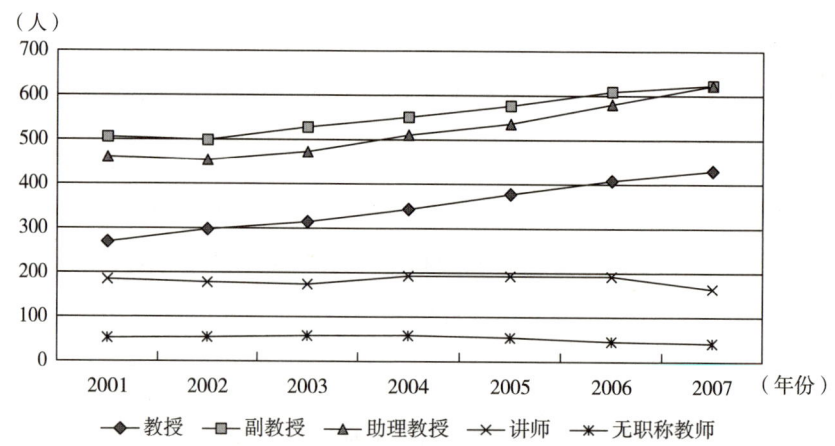

图 4-1　2001~2007 年教育部直属高校校均各类专任教师人数

本章将高校产出划分为科研产出和教学产出，分别用发表文章数或出版专著数、本科毕业生人数或研究生毕业生人数进行衡量。由于缺乏衡量高校产出质量的指标，因此尝试用在国外期刊上发表的论文数代表高质量的科研产出；但在教学产出质量的度量上，仍然存在较大困难，相关的数据很难获得。

2. 科研与教学生产效率

高校生产效率是指高校的单位教师产出的论文数量或培养的毕业生人数。

与高校产出量的巨大差异不同,教育部直属"985工程"高校与非"985工程"高校生产效率的差距相对不大,没有呈现出"一边倒"的情况。其中,"985工程"高校的科研生产效率的2个指标都略高于非"985工程"高校;研究生教学生产效率也略高于非"985工程"高校,而本科生教学生产效率却低于后者。

从发展趋势来看,如图4-2所示,一方面,2001~2007年各类高校单位教师产出的论文量呈现较为平稳的增长趋势,且"985工程"高校的增速稍快。同时,"985工程"高校的论文生产效率始终高于非"985工程"高校,且差距呈现出逐年拉大的趋势,由2001年的师均0.7篇增加为2007年的师均1篇。另一方面,单位教师出版的专著数整体呈下降趋势,并在2003年后维持在0.05部左右,虽然"985工程"高校的产出效率略高,但是差距在逐年缩减。2002~2003年,非"985工程"高校单位专任教师出版专著数增长较快,增长率达93%,同期"985工程"高校的增长率也达到了53%。

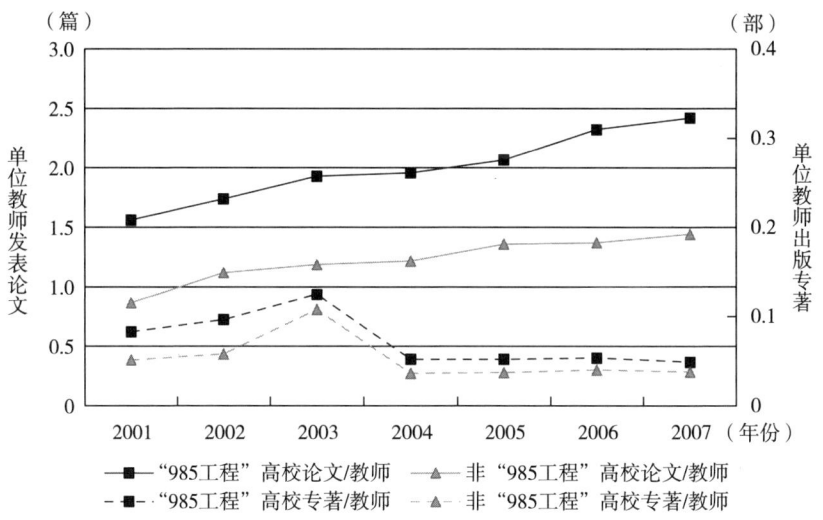

图4-2 2001~2007年教育部直属高校校均科研生产力水平

在教学生产效率方面,受前期高校本科扩招的影响,2003~2005年本科毕业生人数急剧增长,累计增加46%。与此同时,高校培养本科生的效率也显著提高,单位教师培养的本科毕业生由2002年的1.7人增加至2.3人。按照Cobb-Douglas生产方程的一般形式,这种短期内效率的提高缘于以下两个主要方面:首先,劳动力投入的增长速度小于产出量的增长速度;其次,多媒体、互联网络等新技术在教学中的应用得到普及,提高了技术弹性,节约了师资投入。2005年后,本科毕业生增速变缓,其中,2006年"985工程"高校的毕业生人数甚至出现了一定幅度的负增长。同期,教育部直属高校的教师人数也得到了同步增长,所以,这一阶段的本科教学生产效率比较平稳,单位教师培养的本科毕业生基本维持在2.2人左右。其中,"985工程"高校的效率保持在2.5人的水平,非"985工程"高校的效率略低,为2人左右。但是,从图4-3中可以看出,这种生产效率的差异在不断缩小。

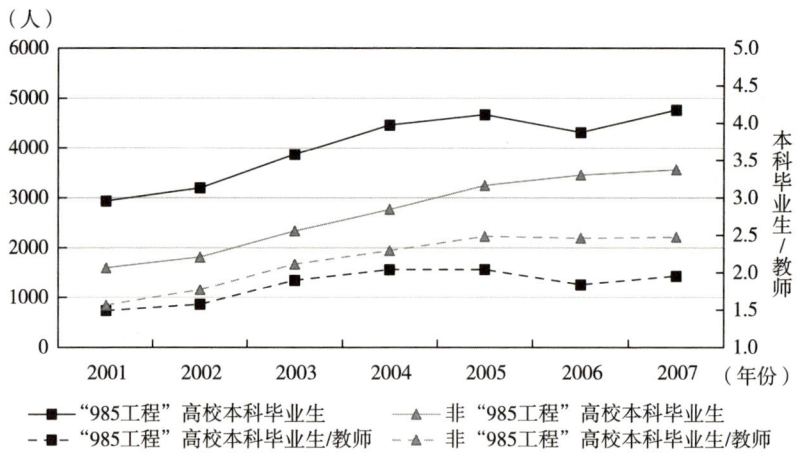

图4-3 教育部直属高校校均本科教学生产力水平

研究生产出效率与本科生产出效率的发展趋势大体一致，但表现出一定的滞后效应，即到2007年后增速才开始放缓。"985工程"与非"985工程"高校在研究生产出规模上差距较大，2001年前者的研究生产出量约为后者的3.3倍。此后，差距总量逐年增加，并在2007年达到最大值，当时平均每所"985工程"高校要比非"985工程"高校多培养出近2000名研究生。通过对图4-3和图4-4的综合分析不难发现，近些年来"985工程"高校的整体规模和研究生产出效率普遍大于非"985工程"高校，这一现实从一个侧面反映出，教育部对"985工程"高校在办学经费上的额外资助加大了两类高校之间研究生产出规模和效率的差异。

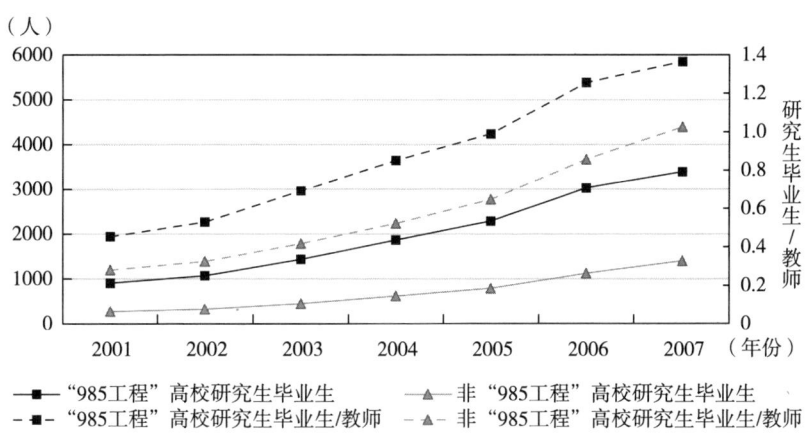

图4-4 2001~2007年教育部直属高校校均研究生教学生产力水平

3. 研究与发展经费

研究与发展（Research and Development，R&D）经费（包括政府和非政府

拨款)[①],是与科研产出直接相关的变量。前期 R&D 经费可促进现阶段的科研产出,并在一定程度上反映科研的发展水平。如图 4-5 所示,2001~2007年,教育部直属高校的 R&D 经费投入总体上不断攀升。此外,2003 年后,"985 工程"高校的 R&D 经费中来自政府拨款的比例基本比非"985 工程"高校高出 5 个百分点,并且差距也有不断增加的趋势。

二、高校生产方程的构造

1. 高校科研生产方程的构造

第三章中,生产力增长分解的方法能够反映资源配置是否有效,是促进还是抑制高等教育行业生产力的增长,但却无法具体揭示高校生产效率增长的根本因素。因此,本章通过构造 Cobb - Douglas 生产方程,并对其弹性方程进行回归分析,从微观的角度进一步揭示影响高校科研生产效率与教学生产效率的相关因素,从而为制定提升高校生产效率的具体方案提供实证支持。

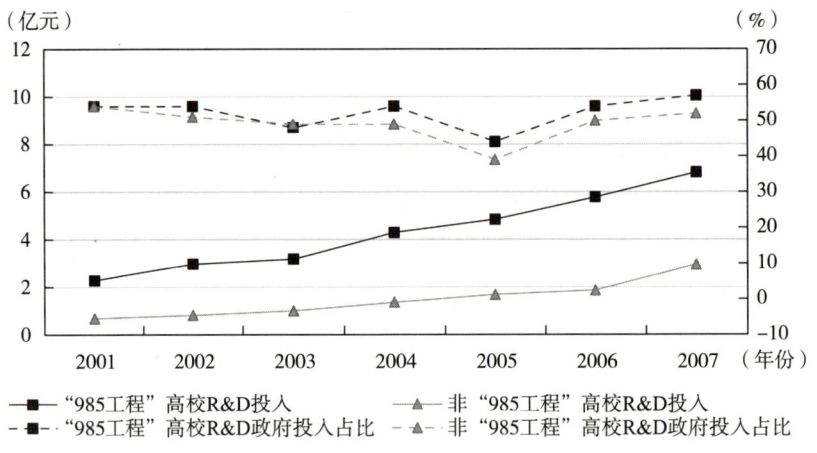

图 4-5 教育部直属高校校均 R&D 投入情况

---

① 本章有关经费的变量都是按通胀率调整以 2000 年基准水平的相对额度。

为简化起见,接下来以科研生产力增长为例构造高校生产方程,假设高校科研产出近似服从如式(4-1)所示:

$$Q_{Rit} = A_{Rit}(L_{Rit})^{\alpha_R}(K_{Rit}^*)^{\beta_R}e^{u_{Rit}} \quad (4-1)$$

则高校的科研生产力可表示如式(4-2)所示:

$$LP_{Rit} = \frac{Q_{Rit}}{L_{Rit}} = \frac{A_{Rit}(L_{Rit})^{\alpha_R}(K_{Rit}^*)^{\beta_R}e^{u_{Rit}}}{L_{Rit}} \quad (4-2)$$

式中,K_{Rit}^* 为高校 R&D 经费的有效收入;α_R 为劳动力产出弹性;β_R 为 R&D 经费收入的产出弹性;$e^{u_{Rit}}$ 为随机扰动项。在实证分析中,为了避免多重共线性,等式右边皆除以 L_{Rit-1} 而不是 L_{Rit}。

A_{Rit} 代表高校生产力技术水平,满足以下如式(4-3)所示的函数关系:

$$A_{Rit} = f(C_i, D_{it}) \quad (4-3)$$

式中,C_i 为区分"985 工程"高校与非"985 工程"高校的虚拟变量,D_{it} 表示在校的博士研究生人数,其对科研或教学的辅助作用可以增加高校的劳动生产力,可视为一种高校生产技术上的改进。

在高校科研生产力模型式(4-1)中,有以下两点值得注意:

第一,采用物质资本增量(年度 R&D 经费的有效收入)替代了物质资本存量。这主要是由于以下两方面原因:一是在高校科研生产力研究中,由于物质资本涉及面较广,且很难保证统计口径的一致性,因此无法获得可信度较高的高校物质资本存量的相关数据,这个问题一直以来制约着相关研究的开展;二是由于高校物质资本总量通常比较稳定,且每年的 R&D 经费收入占比相对较小,所以物质资本存量难以充分体现物质资本投入对高校生产力的影响作用。此外,通常认为,我国高等教育部门不同于其他产业部门,由于缺乏严格意义上的市场竞争,其物质资本存量与增量之间的关系基本保持稳定,因此笔者采用高校年度 R&D 经费的有效收入作为物质资本存量的替代变量。

第二，高校 R&D 经费收入有两个重要来源，一是政府拨款，二是非政府拨款（多依托于企业与高校的"产学研合作"项目）。由于后者的经费投入往往需要获得一定的效益回报，因此通常对于高校来说，其与政府拨款的效用并不一样。基于上述考虑，笔者设置了折扣系数 d_R 来考察这种差异，从而 R&D 经费的有效收入（K_{Rit}^*）并不是政府拨款（K_{Rit}^G）与非政府拨款（K_{Rit}^{NG}）的简单代数和，而应表示为如式（4-4）所示：

$$K_{Rit}^* = K_{Rit}^{NG} + (1 + d_R) \times K_{Rit}^G$$
$$= (1 - s) \times K_{Rit} + (1 + d_R) \times s \times K_{Rit} = K_{Rit} \times (1 + d_R \times s) \quad (4-4)$$

式中，$s = K_{Rit}^G / K_{Rit}$，为政府拨款占比，则 $K_{Rit}^G = s \times K_{Rit}$，$K_{Rit}^{NG} = (1 - s) \times K_{Rit}$。

将式（4-3）、式（4-4）代入式（4-2），整理后，将方程两边取对数，得到高校科研生产力弹性方程，如式（4-5）所示：

$$\ln\left(\frac{Q_{Rit}}{L_{Rit}}\right) = \ln(B_R) + \lambda_{RC} C_i + \lambda_{RD} \ln\left(\frac{D_{it}}{L_{Rit}}\right) + \beta_R \ln\left[\frac{(K_{Rit}^{NG} + (1 + d_R) K_{Rit}^G)}{L_{Rit}}\right] +$$
$$[\lambda_{RD} + \beta_R + \alpha_R - 1] \ln(L_{Rit}) + u_{Rit} \quad (4-5)$$

式中，L_{Rit} 的系数表示高校劳动力的规模效应。

最后，进一步推导出生产回归方程的最终形式，如式（4-6）所示：

$$\ln\left(\frac{Q_{Rit}}{L_{Rit}}\right) = \ln(B_R) + \lambda_{RC} C_i + \lambda_{RD} \ln\left(\frac{D_{it}}{L_{Rit}}\right) + \beta_R \ln\left(\frac{K_{Rit}}{L_{Rit}}\right) + \beta_R d_R \times s +$$
$$[\lambda_{RD} + \beta_R + \alpha_R - 1] \ln(L_{Rit}) + u_{Rit} \quad (4-6)$$

2. 高校教学生产方程的构造

类似地，教学生产力也可以由上述模型表示，分别以本科生毕业生人数和研究生毕业生人数为考察对象，则生产方程表示为如式（4-7）所示：

$$LP_{Iit} = \frac{Q_{Iit}}{L_{Iit}} = \frac{A_{Iit}(L_{Iit})^{\alpha_I}(M_{Iit})^{\beta_I}e^{u_{Iit}}}{L_{Iit}} \quad (4-7)$$

式中，M_{Iit} 表示招生人数或在校生人数，α_I 为劳动力产出弹性，β_I 为 R&D 经费收入的产出弹性，$e^{u_{Iit}}$ 为随机扰动项。

此处，A_{Rit} 代表高校教学生产力技术水平，它取决于授课技能等教学相关因素，满足以下如式（4-8）所示的函数关系：

$$A_{Iit} = f(F_{it}, G_{it}) \quad (4-8)$$

式中，F_{it} 表示教育事业经费支出，其影响着听课学生数，并间接影响教学质量；G_{it} 表示研究生人数，用以显示辅助教学的资源。因此，通过类似变换，教学劳动力增长可以表示为如式（4-9）所示的弹性函数：

$$\ln\left(\frac{Q_{Iit}}{L_{Iit}}\right) = \ln(B_I) + \lambda_{IF}\ln\left(\frac{F_{it}}{L_{Iit}}\right) + \lambda_{IG}\ln\left(\frac{G_{it}}{L_{Iit}}\right) +$$
$$\beta_I\ln\left(\frac{M_{Iit}}{L_{Iit}}\right) + [\lambda_{IF} + \lambda_{IG} + \beta_I + \alpha_I - 1]\ln(L_{Iit}) + u_{Iit} \quad (4-9)$$

下一节，将依照以上的研究设计方案，对影响高等教育科研与教学生产效率的相关因素进行分析和讨论。

第三节 实证结果及分析

一、科研生产效率要素分析

表 4-1 为未控制多重共线性的生产力模型结果，表 4-2 为采用滞后教师人数的方法修正多重共线性的相关结果。通过比较发现，修正后的大部分参数

都表现出明显的差异，而相关参数的置信程度并未有明显的改变。

表4-1 教育部直属高校科研生产效率的影响因素分析

变量	模型（4-1a）（基础模型）	模型（4-1b）（含交叉项）	模型（4-1c）（固定效应）
教授人数	0.377***	0.277**	0.198
	(0.068)	(0.072)	(0.167)
青年教师人数	-0.324***	-0.287***	0.271
	(0.069)	(0.081)	(0.216)
R&D 投入与教师人数比	0.207***	0.202***	0.270***
	(0.032)	(0.031)	(0.075)
R&D 政府投入占比	0.054	-0.089	-0.404
	(0.103)	(0.132)	(0.184)
经济发达省份	—	-0.035	—
		(0.035)	
在校博士生与教师比	0.055	0.017	-0.043
	(0.061)	(0.066)	(0.110)
"985工程"高校R&D政府投入	—	0.340***	0.219
		(0.114)	(0.249)
"985工程"高校在校博士生与教师比	—	0.196***	0.257**
		(0.071)	(0.103)
观察值	476	476	476
R^2	0.4880	0.5065	—

续表

变量	模型（4-2a）（基础模型）	模型（4-2b）（含交叉项）	模型（4-2c）（固定效应）
教授人数	0.285***	0.183**	0.001
	(0.059)	(0.079)	(0.134)
青年教师人数	-0.191**	-0.145	0.254**
	(0.075)	(0.093)	(0.142)
R&D投入与教师人数比	0.232***	0.226***	0.319***
	(0.034)	(0.032)	(0.095)
R&D政府投入占比	0.123	-0.011	-0.142
	(0.096)	(0.126)	(0.227)
经济发达省份	—	-0.007	—
		(0.037)	
在校博士生与教师比[a]	0.066	0.021	-0.159
	(0.055)	(0.064)	(0.139)
"985工程"高校R&D政府投入	—	0.323***	0.285
		(0.121)	(0.299)
"985工程"高校在校博士生与教师比[a]	—	0.196**	0.280**
		(0.094)	(0.135)
观察值	408	408	408
R^2	0.4898	0.509	—

注：a. 括号中为标准误差；

b. *表示在10%置信水平上统计显著，**表示在5%置信水平上统计显著，***表示在1%置信水平上统计显著；

c. "a"表示前一年的教师人数，用此来避免多重共线性。

具体来说，在基础模型（4-2a）中包含前期博士学生人数①、前期单位专任教师拥有的R&D拨款，政府R&D拨款的权重以及用来考察规模回报的前期教授及前期青年教授人数。其中，高校教授的数量对科研生产力的影响为正且非常显著，而青年教师则构成负的规模回报。R&D拨款能显著地促进科研产出，可以看到每增加1%的投入，生产力将增加0.23%的回报。

为了控制影响高校科研生产力的其他内生因素，例如，沿海城市的高校容易吸引更优秀的教师，且拥有更多的国际合作以加强科研合作、共同进步；"985工程"高校的政府对科研的拨款更为凸显其对科研的影响以及"985工程"高校的博士生具备更强的科研素质。本书中还应用了一些控制变量，具体包括地理位置虚拟变量（经济较发达地区，包括中国大陆沿海省份及4个直辖市）、衡量"985工程"学校政府拨款影响的交叉项以及衡量"985工程"高校博士生的交叉项。这些控制变量能很好地捕捉影响高校科研产出的可见内生因素或非可见内生因素。

如表4-2所示，在模型（4-2a）的基础上，模型（4-2b）加入了上述3个控制变量。R&D经费和教授的影响都因此降低了，但仍然保持对单位科研教师论文产出显著的正面影响。说明R&D费用的投入可以支持和鼓励教师更多地参与科研并获得成果，这是在预料之中的。然而，与预想的不同，地理位置的影响并不显著。也就是说，处于沿海经济较发达地区的高校和内地高校，在其他因素不变的情况下，在科研生产力上并不存在较大差异，而是具备同等的机遇。由于用发表的论文数量作为考察科研生产力的指标，会受一些固

---

① 在本章的所有模型中，除去政府投入占比及经济发达省份的虚拟变量，其他自变量及因变量均为对数形式。

定因素的影响,如教授与学术期刊之间长期的潜在的约稿关系、教授自身在学术界具有的学术影响力等,因此,应用固定效应模型来修正估计中的偏误,并对结果进行比较。排除部分固定因素的影响后,教授人数不再对科研生产力的变动有明显的影响,而是青年教师(包括副教授、助理教授、讲师及无职称专任教师)在推动科研生产力的增长。

如模型(4-2c)所示,青年教师人数增加1%,将使科研生产力增加约0.25%,如果按2007年的教师规模和科研生产效率折算,平均每增加3名青年教师,将多产出2篇论文。值得关注的是,R&D经费一直保持在1%的水平上显著,且弹性从基础模型中的0.23%升至0.32%。同时,"985工程"高校比非"985工程"高校的博士生更凸显其在科研生产力上的优势。此外,R&D经费的政府拨款比重对高校总的科研发展没有呈现出其显著的促进作用,且相应的交叉项也同样不显著,即"985工程"高校与非"985工程"高校之间也无明显差异,说明"985工程"高校的科研生产力并不是如想象中那样很大程度上依赖于政府拨款。

为了更进一步详细考察"985工程"高校与非"985工程"高校的科研生产力增长的影响因素,分别对"985工程"与非"985工程"样本进行了回归分析。表4-2和表4-3给出总样本的科研生产力和"985工程"高校及"非985工程"高校子样本的科研生产力情况,模型(4-3a~4-3f)的因变量均为单位专任教师的论文产出量取对数。模型(4-3a~4-3c)为"985工程"高校的科研产出,模型(4-3d~4-3f)为非"985工程"高校的科研产出,见表4-2。

表4-2 教育部直属高校科研生产效率因素分析

自变量	"985工程"高校的论文产出率			非"985工程"高校的论文产出率		
	模型(4-3a)(基础模型)	模型(4-3b)(含地域变量)	模型(4-3c)(固定效应)	模型(4-3d)(基础模型)	模型(4-3e)(含地域变量)	模型(4-3f)(固定效应)
教授人数	0.171* (0.089)	0.083 (0.097)	0.096 (0.217)	0.168 (0.112)	0.150 (0.109)	-0.020 (0.161)
青年教师人数	-0.198* (0.101)	-0.050 (0.112)	0.309 (0.245)	-0.114 (0.130)	-0.164 (0.134)	0.208 (0.167)
R&D投入与教师人数比[a]	0.203*** (0.040)	0.183*** (0.038)	0.125 (0.084)	0.233*** (0.039)	0.241*** (0.038)	0.387*** (0.117)
R&D政府投入占比	0.107 (0.112)	0.095 (0.115)	0.143 (0.183)	0.123 (0.143)	0.093 (0.146)	-0.171 (0.241)
经济发达省份		0.150*** (0.042)	—		-0.111* (0.059)	—
在校博士生与教师比[a]	0.241*** (0.088)	0.243*** (0.086)	0.267** (0.122)	-0.005 (0.061)	0.013 (0.061)	-0.191 (0.145)
观察值	192	192	192	216	216	216
R^2	0.4628	0.4906		0.2989	0.3058	

注：a. 括号中为标准误差；

b. *表示在10%置信水平上统计显著，**表示在5%置信水平上统计显著，***表示在1%置信水平上统计显著；

c. "a"表示前一年的教师人数，用此来避免多重共线性。

此时，固定效应模型的结果显示，对于"985工程"高校，在校博士生与教师比对科研生产力的增长有明显的推动作用,该比值每增加 1 个百分点,将促进科研生产力提高 0.27 个百分点。总的来看,较之于非"985 工程"高校,"985 工程"高校的博士生具备更高的论文科研产出效率。这可能得益于近年来国家对"985 工程"高校的博士生培养提供的良好政策和发展机遇,使其获得更广阔的跨学科学术交流空间、更自由的学术平台、更完善的科研实验条件、更充足的境外学习机会等因素。对于非"985 工程"高校,其科研生产力很大程度上依赖于国家的 R&D 经费支持,而高校自身的科研生产力因素并未体现出来。

总而言之,在考虑固定因素影响的情况下,回归结果表明,青年教师对高校科研生产力的影响的显著性远超过教授;同时,R&D 经费直接影响着高校科研生产力的增加,其中非"985 工程"高校尤为明显;博士生对论文产出的贡献在"985 工程"高校中尤为突出;"985 工程"高校所处的地理位置直接关系高校的科研生产效率,处于经济较发达地区的"985 工程"高校,科研生产效率较高,而非"985 工程"高校的情况却刚好相反;另外,政府拨款占比并不影响高校的科研生产效率。

二、教学生产效率要素分析

关于教育部直属高校生产效率的回归分析包括高校科研生产效率和教学生产效率两部分。

首先,针对多个评价指标,本部分将全面地分析影响高校教学生产效率增长的因素,探索制约高校教学生产效率发展水平的根本所在。鉴于高校对本科生和研究生不同的培养机制以及部分学校博士研究生毕业生人数过少,本书设定了本科毕业生/专任教师、研究生毕业生/专任教师两个指标,并且划分出

"985工程"高校和非"985工程"高校两个子样本,来考察教育部直属高校的教学生产力变化情况及影响因素。

在有关"985工程"高校教学生产力的基础模型(4-4a)中,本科在校生人数对本科生层面的教学生产力具有直接影响,而单位教师获得的政府教育拨款却在一定程度上抑制了教学生产力的增长。也就是说,政府在高校教学上的投入增加1%,会导致本科层面的教学生产力降低0.32%。这一结果出乎意料,但也并非毫无依据。一种可能的解释是该部分投入并没有完全放在提高本科生的教学生产力之上,更或许是教师因此增加了工资待遇,却没有将精力主要放在教学育人本身之上。这是一个值得进一步研究的问题,但需要更详尽的微观数据支持。

此外,教授人数和青年教师人数均未对本科生教学生产力的变化产生显著影响。这可能是由于中国高校1999年开始大面积扩招,导致本科生人数急速膨胀所造成的,从而使高校的规模效应被异常强化,而弱化了其他影响本科教学生产力的内在因素。

为了进一步发掘潜在的被遗漏的主要因素所引起的估计偏误,如表4-3所示,在模型(4-4b)、模型(4-4c)中分别加入了一些控制变量,例如,研究生在校人数/教师人数,用以考察研究生与本科生之间是资源竞争关系,以及研究生充当助教为本科生教学提供一定的辅助作用;表示经济较发达地区的虚拟变量(包括沿海省份及4个直辖市),用以考察经济较发达地区政府或企业对高校的教学基础设施建设的额外支持,优越的工薪待遇和生活条件对优秀教师的吸引以及未来更多的就业机会对优秀学生的吸引等因素对高校教学生产力的影响。

第四章 高校生产效率的影响因素分析

表 4-3 教育部直属 "985 工程" 高校教学生产效率因素分析

自变量	本科生产出率			研究生产出率		
	模型(4-4a)(基础模型)	模型(4-4b)(含控制变量)	模型(4-4c)(固定效应)	模型(4-4d)(基础模型)	模型(4-4e)(含控制变量)	模型(4-4f)(固定效应)
本科生在校人数与教师人数比[a]	0.291** (0.134)	0.227** (0.108)	0.035 (0.026)	—	—	—
研究生在校人数与教师人数比[a]	—	0.182** (0.081)	0.287*** (0.102)	1.293*** (0.095)	1.302*** (0.102)	0.784*** (0.131)
青年教师人数	0.016 (0.057)	-0.021 (0.086)	0.047 (0.145)	0.060 (0.093)	0.113 (0.094)	0.937*** (0.233)
教授人数	0.020 (0.070)	-0.008 (0.086)	0.152 (0.117)	0.256*** (0.084)	0.225*** (0.083)	0.567*** (0.194)
国家教育经费拨款与教师人数比[a]	-0.323*** (0.071)	-0.233*** (0.063)	-0.204*** (0.054)	0.153 (0.097)	0.121 (0.111)	0.038 (0.088)
R&D 投入与教师人数比[a]	—	—	—	—	-0.008 (0.042)	0.325** (0.124)
经济发达省份	—	-0.187*** (0.058)	—	—	0.066 (0.058)	—
观察值	192	192	192	192	192	192
R^2	0.3262	0.3591	—	0.6829	0.685	—

注：a. 括号中为标准误差；

b. * 表示在10%置信水平上统计显著，** 表示在5%置信水平上统计显著，*** 表示在1%置信水平上统计显著；

c. "a" 表示前一年的教师人数，用此来避免多重共线性。

从固定效应模型（4-4c）中可看出，在校研究生的师生比确实对本科生教学生产力的提高有一定的促进作用，研究生的师生比每增加1个百分点，

·83·

"985工程"高校的本科教学生产力将提高0.29%,大致相当于每增加约3个研究生就会辅助多产出1个本科毕业生,在非"985工程"高校中,这种辅助效应更加显著,约0.47%(见表4-4)。

与本科生教学生产力回归结果类似,在校研究生师生比在模型(4-4d)~模型(4-4f)中都表现出对研究生教学生产力的提升作用。而与其不同的是,"985工程"高校的教授与青年教师对研究生的教学生产力都在1%置信水平上具有显著的积极影响,每增加1%的教授或青年教师,将分别使研究生的教学生产力提升近0.57%或0.94%。这是由于研究生教育区别于本科生教育,施行的是导师责任制,因此,研究生的教学生产力与教师(特别是与硕、博士生导师)紧密相关。该影响在非"985工程"高校中也体现得也较为明显,详见表4-4。

表4-4 教育部直属非"985工程"高校教学生产效率因素分析

自变量	本科生产出率			研究生产出率		
	模型(4-5a)(基础模型)	模型(4-5b)(含控制变量)	模型(4-5c)(固定效应)	模型(4-5d)(基础模型)	模型(4-5e)(含控制变量)	模型(4-5f)(固定效应)
本科生在校人数与教师人数比[a]	0.720*** (0.077)	0.641*** (0.071)	0.115 (0.181)	—	—	—
研究生在校人数与教师人数比[a]	—	0.272*** (0.046)	0.469*** (0.080)	1.093*** (0.051)	1.182*** (0.051)	0.710*** (0.112)
青年教师人数	0.099 (0.074)	0.251*** (0.078)	0.373** (0.140)	-0.105 (0.087)	0.165* (0.099)	0.801*** (0.180)
教授人数	0.088 (0.057)	-0.119* (0.065)	-0.116 (0.093)	0.119 (0.074)	0.055 (0.071)	0.591*** (0.096)

续表

自变量	本科生产出率			研究生产出率		
	模型(4-5a)(基础模型)	模型(4-5b)(含控制变量)	模型(4-5c)(固定效应)	模型(4-5d)(基础模型)	模型(4-5e)(含控制变量)	模型(4-5f)(固定效应)
国家教育经费拨款与教师人数比[a]	0.143(0.108)	0.094(0.092)	0.157(0.107)	-0.259**(0.109)	-0.113(0.113)	0.435***(0.136)
R&D投入与教师人数比[a]	—	—	—	—	-0.113***(0.023)	0.099(0.064)
经济发达省份	—	-0.066**(0.03)	—	—	0.077*(0.046)	—
观察值	216	216	216	216	216	216
R^2	0.587	0.6619	—	0.7783	0.8052	—

注：a. 括号中为标准误差；

b. *表示在10%置信水平上统计显著，**表示在5%置信水平上统计显著，***表示在1%置信水平上统计显著；

c. "a"表示前一年的教师人数，用此来避免多重共线性。

除此之外，非"985工程"高校与"985工程"高校在研究生教育导向及资金支持选择上也存在一定的差异。综合比较模型（4-4f）与模型（4-5f）的结果，发现"985工程"高校在研究生的教学培养中，显著依靠R&D经费支持，而非教育事业经费。这可能意味着，"985工程"高校在研究生的培养上，更加注重以科研为导向；然而，非"985工程"高校仅体现出对国家教育事业经费的依赖，可能更注重课程培养，而由于R&D经费不足导致对研究生的科研投入相对较少。

第四节 本章小结

本章首先介绍了2001～2007年教育部直属高校的生产效率发展情况,发现"985工程"高校无论在科研生产效率还是在教学生产效率上都要优于非"985工程"高校。此外,教育部直属高校的论文生产效率呈稳步上升,而专著出版效率经过2002年、2003年的增长,而后呈平缓下降趋势;本科生及研究生毕业生人数分别于2005年和2007年放缓了增长速度,而本科毕业生与高校教师的比例从2005年开始基本保持稳定。也就是说,2005年后高校师资力量的增长基本上跟上了本科生规模的增长。

在此基础上,本章分别构造了教育部直属高校的科研与教学生产力方程,应用最小二乘回归模型及固定效应模型,着重对影响高校科研与教学生产力的主要因素进行了实证研究,得到了一些有价值的结论。

首先,相对于其他教师来说,青年教师对高校科研生产效率的增长具有显著促进作用;"985工程"高校的博士生对论文产出的贡献作用要显著高于非"985工程"高校的博士生。其次,就整体而言,高校所处城市的经济发展情况对高校的科研生产效率无显著影响,但却能明显提高"985工程"高校的科研生产效率;政府拨款占全部高校经费收入的比例没有对高校科研生产效率的增长产生明显的影响。最后,从经费资助来源来看,"985工程"高校在研究生项目的教学中,主要依靠R&D经费的支持;非"985工程"高校体现为对国家教育事业经费拨款的依赖。这说明"985工程"高校在研究生培养中,更加注重以科研为导向、以课程教学为辅助的培养机制。

通过对高校办学效率的影响因素的研究，为"985工程"的绩效评估提供了新的可行性思路，相关结论将对工程的后续实施提供有益的依据及参考。

然而，本章的研究仍有一些方面需要进一步完善，但却受到数据缺乏的限制，例如，高校科研产出的质量很难衡量，仅用在国外期刊发表的论文数量也还是不够充分，可以考虑用已发表论文的被引用率及期刊的影响因子来构造权重，通过加权计算高校科研产出指数来进行比较分析；然而相比之下，高校教学产出的质量就更加难以测度，一种潜在的可行性研究方案是追踪考察某高校毕业生未来多年的教育回报情况（如收入水平、财富累积等指标），如Vlaardingerbroek（1996）对巴布亚新几内亚当地教育外部效率的研究、Burney和Mohammed（2002）关于科威特教育投入及产出率的研究、Yang（2004）关于中国农村教育回报的研究。虽然以上方法在一定程度上依赖相关数据的可获得性，且实施过程较复杂且成本巨大，但其研究结果和意义却非常值得期待。

第五章 "公派研究生项目"实施效率的影响因素分析

为了配合国家重大发展战略，贯彻落实《国民经济和社会发展第十一个五年规划纲要》及《国家中长期科学与技术发展规划纲要（2006~2020年）》，选拔培养一批具有国际视野、能够提升我国自主创新能力的拔尖创新人才，满足国家中长期发展对高层次创新人才的需求，教育部和国家留学基金管理委员会于2007年联合启动"国家建设高水平大学公派研究生项目"，简称"公派研究生项目"，或"联合培养博士生项目"（Graduate Students Joint Training Program，GSJT）。

然而，作为"985工程"框架内拓展高校国际合作的重要举措，"公派研究生项目"自实施以来，一直缺乏有效的实施效率及绩效评估机制。本章通过对项目实施过程中重要的择校环节进行研究，分析制约择校效率提高的主要因素，为提升后续项目效率提供实证依据和政策建议。

第五章 "公派研究生项目"实施效率的影响因素分析

第一节 "公派研究生项目"的背景及基本情况

随着财政收入的不断增加,中国政府扩大了对前往发达国家学习的研究生的资助范围和比例。2007年,中国政府开始实施"公派研究生项目",资助包括"985工程"重点建设的39所高校及其他10所工程外的国内优秀高校。该项目资助对象绝大部分为在读博士生或已获直博资格的应届硕士研究生和极少部分一、二年级的硕士研究生,资助他们赴高等教育发达国家的高水平大学进行6~24个月的课程学习或研究工作。另外,还包括少部分获得国外正式攻读博士学位资格的学生,国家为他们提供最长达4年的生活津贴。该项目资金由中国留学基金委员会委托我国在国外各使领馆负责发放和管理,每位学生可以获得每月1000美元左右的生活津贴,外加一次国际往返费用。

联合培养博士生无须国外高校的录取通知书,待项目结束后需返回原就读院校继续攻读完成博士学位。因此,这批学生无须 TOEFL、GRE 等标准化考试成绩,即可直接申请赴国外学习和研究。相比以往的访问学者[①],该类学生拥有独特的优势:首先,具备更好的英语交流能力,更容易融入美国社会和研究中;其次,会更认真地参与课程学习,并承担一些助教、助研等工作。

为了获得"公派研究生项目"奖学金,来自于留学基金委签约的49所大陆一流高校的学生,特别是在读博士生,可经由学校向基金委提交申请书。在此之前,学生需获得国外高水平大学教授的邀请函,即国外教授同意担当该博

---

① 中国政府早前倾向于资助高级学者赴其他发达国家进行研修访学,被称为访问学者。

士生的外方导师,这是申请"公派研究生项目"奖学金过程中必不可少的条件。因此,这批学生申请学校和获准流程很大程度上有别于攻读国外高校学位的留学生。针对"公派研究生项目"及参与者的特点,探讨社会关系等非传统因素对择校过程以及项目实施效率的影响,正是本章的研究重点。

2007~2011年,中国每年资助5000名研究生赴国外参与联合培养或攻读学位。然而,据2007年国家教育发展统计公报显示,2006年中国大陆新招收博士研究生仅58000名,由此可见该项目的规模之大。2007年,共计3952人获该项目奖学金资助,其中1977人前往美国(分布在美国319所高校/研究机构),超过该项目资助总人数的50%。图5-1显示了"公派研究生项目"下赴美学生在各学科领域的分布情况,生命科学领域学生人数最多,约占1/3,其次是工程领域和自然科学领域,再次是社科、人文、教育领域以及其他领域。

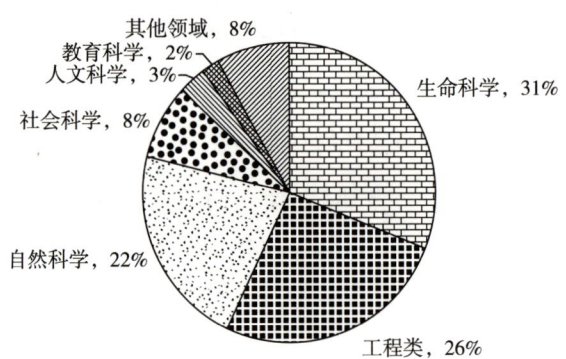

图5-1 各学科领域中"公派研究生项目"学生的分布情况

注:该学科领域划分依据2006年美国自然科学基金等6家机构(NSF/NIH/USED/NEH/USDA/NASA)联合对获博士学位人员的问卷调查中的划分。详见http://www.nsf.gov/statistics/showsrvy.cfm?Srvy_CatID=2&srvy_Seri=1。

资料来源:中国留学基金委员会。

第二节 择校问题研究及其供求理论基础

一、择校问题研究现状

2005年,赴美留学的中国留学生占中国留学生总数的23%,远超过赴其他国家的生源规模。从在美国的国际学生构成看,2006年有67725人来自中国,占美国国际学生总数的11.6%。近年来,在美国的中国留学生规模一直保持在数一数二的位置,并由最初多集中在自然科学领域(如物理、数学等),逐步向其他多个领域(如商业、经济、法律和医学等)分散。同时,相比早期的中国留学生,更多的不再依赖对方学校提供的奖学金,而是依靠个人、家庭或其他类型的资金资助。

在高校选择过程中,无论是申请人还是高校都会考虑正规化考试成绩(如GRE、TOFEL)、奖学金及学杂费等传统因素。因此,对于学生择校及高校入学方面的研究绝大多数集中在净成本、学费及奖学金等传统因素的影响上,如Wetzel等(1998)关于入学问题的研究;Avery和Hoxby(2004)关于学生选择学校的研究。然而,其他影响学生选择学校的重要因素却常常被忽视,或者说,对非传统因素产生的影响关注不足。

在非传统因素中,人际交往和社会关系在高等教育领域发挥的作用尤其值

---

① Fazackerley A., Worthington P.. British universities in China: The reality beyond the rhetoric [R]. An Agora Discussion Paper, 2007.

得关注①。众所周知,社会关系在高校申请中充当着重要角色,它通过正式或非正式的推荐方式来影响学生择校和学校录取决定,是申请和录取程序中不容忽视的影响因素。特别是在有限信息条件下,社会关系在学生申请和高校录取决策过程中将发挥更大的作用。遗憾的是,这个方面的研究成果较少,且往往缺乏令人信服的实证依据。本书主要数据来自中国政府新开展的联合培养博士生项目②。2007年,即该项目启动的第一年,近2000名中国学生获国家资助到美国多所高校/研究机构进行研修,相当于当年在美中国留学生总数的10%。这批学生不需要申请美国大学的学位和奖学金,且不需缴纳学费,所以影响学生申请和学校接纳决定的传统重要因素(如学费、奖学金、科研水平等),已经起不到决定性的作用。

社会关系是社会学、政治学以及经济学领域研究的重要组成部分③。经济学中很多传统话题都可以与社会关系网的研究联系起来,如劳动力市场信息④,工作的搜寻和迁移⑤,以及职业流动性⑥⑦等。由于中国传统文化对"社会关系"的重视,使社会关系在中国经济、社会中始终扮演着重要角色。例如,Lovett等(1999)的研究证实了跨国公司依靠社会关系在中国开拓市场,

---

① Ding L., Li H.. Social networks and study abroad—The case of Chinese visiting students in the US [J]. China Economic Review, 2012, 23 (3): 580 – 589.
② "国家建设高水平大学公派研究生项目",由于联合培养博士占绝大多数,故通常被称为"联合培养博士生项目"。
③ Scott J. P.. Social network analysis: A handbook (2nd edition) [M]. London: Sage Publications Ltd., 2000.
④ Stigler G. J.. Information in the labor market [J]. Journal of Political Economy, 1962, 70 (5): 94 – 105.
⑤ Vishwanath T.. Information flow, job search, and migration [J]. Journal of Development Economics, 1991, 36 (2): 313 – 335.
⑥ Breiger R. L.. The social class structure of occupational mobility [J]. American Journal of Sociology, 1981, 87 (3): 578 – 611.
⑦ Breiger R. L.. Social mobility and social structure [M]. Cambridge: Cambridge University Press, 1990.

张晓波等(2003)强调社会关系在中国非农业雇用中具有关键性作用。显然,社会关系的确可以减少信息成本并提高搜寻效率和匹配成功率。因此,在高等人才出国留学、访问的过程中,由于搜寻其他国家高校/研究机构相关信息时需要巨大的潜在成本,更加凸显出社会关系的重要性①。

二、供求理论基础

从传统经济学的视角来看,"公派研究生项目"下的择校问题体现出一定的需求—供给关系,以下将结合"公派研究生项目"的特点,详细阐述择校问题的需求—供给模型的理论基础。

从需求角度来看,"公派研究生项目"下的学生寻求能够给予他们学习/研究机会的美国学校。通过该项目,这些学生将受益良多,例如,能够获得合作导师和学院其他教授的指导;能够参与课程学习来提高学识;能够参加学院定期举行的专题研讨会来了解相关研究领域的前沿;能够在条件优越的实验室开展研究工作并充分利用其丰富的电子数据库资源;同时,还能够改善和提高英语语言能力。此外,这些学生还可以跟外方导师建立并保持潜在的长期科研合作关系。因此,该项目可极大地促进这批博士生夯实理论基础、提高学术水平,并拓展研究思路、参与国际研究合作。

然而,对"公派研究生项目"学生来说,以上收益也受到很多因素的影响。

首先,由于获得该项目奖学金的前提条件是具备外方接收学校及导师,因此学生必然会考虑备选学校接受的可能性的差异。通常来讲,有两个方面的因

---

① 丁岚,李海峥. 赴美联合培养博士生择校问题分析[J]. 高等教育研究,2010,31(10):28-37.

素直接影响这种可能性的高低。一是在美国大学任教的中国籍教授会影响到这种可能性,这主要是由于这些中国籍教授通常与中国大学间存在的天然联系。特别是近几年,大陆各高校十分热衷用大量资金聘请美国学者参与科研和教学活动,为在美国的中国籍教授与中国各大学间建立联系提供了桥梁。中国籍教授参与国内大学开展合作研究和教学活动已经是相当普遍的现象①。二是在美攻读学位的中国留学生也能在一定程度上促进联合培养博士生与美国高校及导师间的交流和沟通。不仅如此,中国籍教授和学生还可以帮助"公派研究生项目"学生尽快安顿下来,并开展学习和研究工作。

其次,联合培养博士生参加该项目的收益也受对方学校科研与教学水平,特别是研究生项目优劣的影响。若"公派研究生项目"学生选择一所高水平的国外大学,便可以接受更好的指导,参与一流教授的课堂学习,并使用较好的教学科研设备。

最后,受该项目所提供的生活津贴额度的制约。学生在择校时自然也会考虑美国不同城市生活成本的巨大差异,这也会在不同程度上影响"公派研究生项目"学生受益的大小。

基于上述分析,每个"公派研究生项目"博士生择校的需求可以表示为如式(5-1)所示:

$$D = f(P, B_d, Size, C_{living}, K) \qquad (5-1)$$

式中,P 表示"公派研究生项目"学生被外方高校接受的可能性,B_d 表示"公派研究生项目"学生的收益,$Size$ 表示外方高校的规模(规模大的高校

---

① Li H. Z. . Higher education in China: Complement or competition to U. S. universities? [M]//Clotfelter C. T. , editor. American Universities in a Global Market. Chicago: University of Chicago Press, 2010: 269 - 304.

往往更为中国学生所了解,从而降低了搜寻信息的成本),C_{living}表示住校的生活成本。具体如式(5-2)所示:

$$P = x(N_{cf}, N_{cs}, K) \qquad (5-2)$$

式中,N_{cf}为中国籍教授数,N_{cs}为攻读学位的中国籍学生数,两者都可用于衡量社会关系。

$$B_d = h(N_{cf}, N_{cs}, RP, K) \qquad (5-3)$$

式中,RP为美国大学的声誉。

从供给角度看,美国高校邀请一名中国博士生,将相应为其提供教授指导、实验室、图书馆甚至办公室等资源,而这些资源意味着潜在的成本。然而,邀请中国学生赴美可以与其所在中方院校建立潜在的国际合作关系,并获得来自这些博士生的助研、助教等服务。具体地,"公派研究生项目"学生由国内导师和国外导师两个导师共同指导,所以他们可以很自然地建立学术合作关系及社会关系,并很有可能演进为更正式的双方院(系)或学校间的合作,如联合科研项目、交换学生以及攻读国外学位等。近年来,美国学生在华海外项目得到了较大发展[①]。国际教育研究中心 2007 年数据显示过去十年中,来华的美国学生增加了 500%,占来华国际学生总数的 7%,中国成为美国学生十大留学目的地之一。

一般来说,这些联合培养博士生都是高水平优秀人才,他们不仅可以协助外方导师完成科研项目,还可辅助完成阅卷、监考等教学任务。不同领域对研究助理的需求不尽相同,对于需要更多实验室工作的领域(如工程领域),对研究助理参与实验的需求就很大。因此,在这些领域较强的美国高校获得来自

---

① Kim E. H., Zhu M.. Universities as firms: The case of U. S. overseas programs [M]//Clotfelter C. T., editor. American Universities in a Global Market. Chicago: University of Chicago Press, 2010: 163-201.

"公派研究生项目"学生科研协助的好处就会越明显。换句话说,美国高校对"公派研究生项目"学生的供给受其邀请行为的成本和收益影响。高校收益越大越有可能接受"公派研究生项目"学生,下面的实证结果也为此提供了依据。

另外,中国籍教授也是该项目下的间接受益者。具体来说,他们可以通过对学生的邀请与其国内大学建立合作关系。例如,一些美国高校的中国籍教授以特聘教授身份在中国各大学参与教学和研究工作。他们中的一些人甚至主持由国家自然科学基金或中国政府资助的科研课题。

因此,美国高校的供给可以表示为如式(5-4)所示:

$$S = g(N_{cf}, RF, Size, K) \tag{5-4}$$

式中,RF 表示需要大量实验室工作的研究领域对供给的影响。那么,当中国学生的需求和美国高校的供给达到平衡时,即 $S = D$,就可确定被邀请到某一高校的"公派研究生项目"学生数。也就是说,最终赴美国各学校进行联合培养的中国博士生人数是申请与接受共同作用的结果。显然,中国学生对某一美国学校的需求越高,该学校收到的申请就越多;某一美国学校对国际合作的愿望越强烈、教学或科研辅助的需求越大,"公派研究生项目"学生被接受的可能性也就越大。更具体地说,美国学校接纳联合培养博士生人数由式(5-5)决定:

$$N_{GSJT} = h(N_{cf}, N_{cs}, Size, RP, RF, C_{living}, e) \tag{5-5}$$

式中,e 为不可观察因素。

第三节 择校问题的微观结构模型设计

一、关键数据与描述

鉴于首批联合培养博士生的目的地多数为美国，且美国在高等教育方面的数据最为完备，因此本书以赴美联合培养博士生为研究对象，并采集相关数据构建了独具特色的数据集。其中，主要的数据是来自国家留学基金委员会，其中，前往非教育机构（如世界银行、国际货币基金组织、美国国家实验室）的学生数据被筛除。最终以前95所美国高校作为样本，其中公立学校66所，私立学校29所，这些学校共邀请"公派研究生项目"学生1567名[①]。

所有参与"公派研究生项目"的美国高校中，密歇根大学（安娜堡分校）接受人数最多，达59人；其次是伊利诺伊大学（香槟分校），51人；这些高校接受的学生人数为1～59人不等，详见表5-1。

表5-1 接纳"公派研究生项目"学生人数前十位的美国高校

美国高校	"公派研究生项目"学生数（人）	中国籍教师数（人）	国际开放度（%）
密歇根大学（安娜堡分校）	59	139	27.08
伊利诺伊大学（香槟分校）	51	94	40.24

---

① 在某些情况下，样本数据未指明该学生具体到哪个分校研修，默认将其划分到主校区。而对于没有明确主校区的学校，认定拥有研究生人数最多的校区为主校区是比较合理的。

续表

美国高校	"公派研究生项目"学生数（人）	中国籍教师数（人）	国际开放度（%）
加州大学（洛杉矶分校）	49	129	17.73
宾州州立大学（帕克分校）	43	98	42.73
哈佛大学	42	64	33.68
马里兰大学（帕克分校）	41	110	33.17
哥伦比亚大学	38	81	33.32
南加州大学	37	92	33.35
威斯康星大学（麦迪逊分校）	36	80	27.07
佐治亚理工大学	32	69	47.87

资料来源：中国留学基金委员会、美国各高校网站。

分析变量主要包括社会关系，即每个学校的中国籍教授及研究生数。然而，中国籍教授的统计数据很难获得。在排除所有获得该数据的直接途径后，最终利用中国姓名拼写的特征以及美国各高校网站信息的规范性，通过在每个学校主页中搜索教授的姓名，从而统计出样本中美国高校的中国籍教授人数①。经过长时间辛苦地查找，最终构建出本章的主要变量之一，即每所学校的中国籍教授数。

该样本中的95所美国高校共拥有6198名中国籍教授，其中最少的为11名，最多的达139名，平均每个学校大致拥有65名，约占教授总数的3%。公立学校平均拥有中国籍教授67名（占总人数的2.8%），私立学校则平均拥

---

① 相比其他国家，来自中国大陆的姓名的"汉语拼音"具有极易辨别的独特拼写方式。来自中国香港和台湾地区的名字拼写与此不同，所以统计的中国籍教授几乎都来自中国大陆。如果姓名拼写不全或无法确定，将进一步在该教授的简历中查找有关细节信息，如出生地、本科毕业院校等，最终确定是否将其统计到样本中。

有61名(占总人数的2.5%)。表5-2中详细列出了样本中按拥有中国籍教授人数排名前十位的美国高校。

表5-2 中国籍教授人数前十位的美国高校

美国高校	中国籍教师(人)	中国籍教师占比(%)
密歇根大学(安娜堡分校)	139	2.59
匹兹堡大学	133	3.07
密苏里大学(堪萨斯城分校)	131	7.04
加州大学(洛杉矶分校)	129	3.64
康奈尔大学	127	6.21
普渡大学(西拉法叶分校)	124	4.49
俄亥俄州州立大学(哥伦布分校)	122	2.85
范德堡大学	120	3.82
耶鲁大学	119	3.60
佛罗里达大学	111	2.26

资料来源：美国各高校网站。

除了中国籍教授，中国籍学生特别是中国籍研究生也可为"公派研究生项目"学生的申请提供间接的帮助。但是，中国籍学生人数无法获得，因此，只能用亚籍全日制研究生人数作为替代变量。该数据可以从美国高等教育数据库(Integrated Postsecondary Education Data System，IPEDS)①中获取。样本中美国高校平均亚籍研究生数约为272人，详见表5-3。

---

① 数据来自http://nces.ed.gov/ipeds/。

表 5-3 相关变量的统计分析

变量	均值	标准差	最小值	最大值
"公派研究生项目"学生人数（人）	16.505	11.390	6	59
中国籍教师人数（人）	65.242	32.852	11	139
亚籍研究生入学人数（人）	271.905	331.516	13	1861
在读学生总人数（千人）	25.504	11.836	1.358	51.818
工程类高校（虚拟变量）	0.4	0.492	0	1
国际开放度	0.306	0.109	0.137	0.767
公立学校（虚拟变量）	0.695	0.463	0	1
获赠总额（10亿美元）	2.111	3.890	0.046	28.916
处于东西海岸的学校（所）	0.463	0.501	0	1
住宿及膳食费（千美元）	8.360	1.956	4.766	15.156

注：西海岸的州包括阿拉斯加州、华盛顿州、俄勒冈州、加利福尼亚州、夏威夷岛；东海岸的州包括缅因州、新罕布什尔州、马萨诸塞州、罗得岛、康涅狄格州、纽约州、新泽西州、特拉华州、马里兰州、弗吉尼亚州、北卡罗来纳州、南卡罗来纳州、佐治亚州、佛罗里达州。

2006年美国各大学入学总人数以及国际学生数可以从IPEDS数据库中获得，其中入学总人数包括全日制和在职研究生以及本科学生人数。用全日制国际研究生数比全日制研究生总数来衡量该校的国际开放度，样本中各高校的平均国际开放度为31%，可见美国高校是较欢迎国际学生的。值得关注的是，伊利诺伊理工大学的国际研究生比例高达77%，样本中比例最低的也有大约14%。

每个学校获得捐赠的相关数据来自美国国家大学及独立学院商业职员协会

(National Association of College and University Business Officers，NACUBO)[①]。为了控制生活成本差异的影响，利用 IPEDS 提供的每个学校的住宿和膳食费用来估算其生活成本。其中，住宿费为每学年 2 人间标准费用，膳食费为每学年固定餐数的费用。

美国高校排名、工科排名均来自美国新闻与世界报道 (US News & World Report)。一般情况下，大学排名与研究生项目排名高度相关，如样本中大学排名和工科排名的相关系数高达 0.71。正如前面所讨论的，美国研究生项目的排名应该与联合培养博士生人数密切相关。然而，直接将学校排名作为回归元引入模型中解释"公派研究生项目"学生数并不合理，为此应用 3 个虚拟变量将样本学校按照排名分为 4 个层次，并保证各层次中高校数目大致相当，以避免学校排名非均匀性分布对结果带来的影响，也避免了层次虚拟变量的尺度选择对回归结果的影响，显然层次虚拟变量的效果不应受层次内部学校数目的影响。同时，引入工科类虚拟变量来说明某学校是否具有较强的工科类专业（如工程类排名前 40 名的高校），则可用来考察工程领域是否对研究助理有更大的需求[②]。

二、微观结构模型的构造

接下来，将对该模型中的有关因素做进一步阐释。首先，利用中国籍教授

[①] 大部分数据来自 NACUBO (http://www.nacubo.org/documents/research/2006NES_Listing.pdf)。此外，由于 NACUBO 没有区分加州大学系统内的不同分校，因此，加州大学 8 个分校获得捐赠的数据来自 2006 年度加州基金捐赠报告 (http://www.universityofcalifornia.edu/regents/regmeet/mar07/i8attach.pdf)；得州大学包括阿灵顿、奥斯汀和圣安东尼奥三个分校，却只能查到整个得州大学系统获得捐赠的金额，因此以学生人数为权值分别估算其获赠金额；另有 7 所学校的获赠金额来自维基百科 (http://en.wikipedia.org/wiki/Main_Page)。

[②] 设定前 40 名为分割点，同时也尝试了以前 30 名或 50 名为分割点，结果显示该方法具有较好的健壮性。

数来表示大部分社会关系，用在读的中国籍研究生数表示另一小部分社会关系。那么，某高校的中国籍教授及研究生群体越大，这种存在于群体与中国大学间的关系就越多、越复杂，同时学校间的关系也愈加密切。正如前面讨论的，在这种条件下，学生对学校的需求以及该学校对学生的供给都会变大。其次，考虑到大量实验室工作使工程领域获得"公派研究生项目"学生科研协助的收益较多，用虚拟变量来标示工程类较强的院校，以此来考察美国大学不同科研领域对结果产生的影响。同时，采用总体入学人数代表学校规模，以学校排名代表学校的质量和声誉。

为了控制影响美国高校接纳联合培养博士生人数的其他内生因素，例如，中国或亚洲籍学生的择校偏好，美国大学对国际学生的开放度，甚至于大学的历史和文化，文章中还应用了一些控制变量。这些控制变量具体包括衡量学校开放度的全日制国际研究生与整体研究生数量的比率、公立或私立大学的虚拟变量、地理位置虚拟变量（美国东西部海岸或内陆地区）以及校友和各方捐赠。这些控制变量能很好地捕捉影响联合培养博士生人数的可见或非可见内生因素。

然而，数据的局限性在于只有接纳 6 名及以上"公派研究生项目"学生的美国大学的数据。由于被解释变量——"公派研究生项目"学生人数是非完整的，所以应用截断回归模型进行估计。首先假定误差项服从正态分布，即如式（5-6）所示：

$$N_{GSJT} = c + Xb + e, \quad e \mid X \sim Normal(0, s^2) \tag{5-6}$$

给定可观测到的样本 $N_{GSJTi} \geqslant c_i$（c_i 为截断点），可利用最大似然估计法来估计 β_j 和 s。似然函数如式（5-7）所示：

$$g(N_{GSJT} \mid X_i, c_i) = \frac{f(N_{GSJT} \mid X_i\bar{\beta}, \sigma^2)}{F(c_i \mid X_i\bar{\beta}, \sigma^2)}, \quad N_{GSJT} \geqslant c_i \tag{5-7}$$

式中，$f(N_{GSJT} | X_i\bar{\beta}, \sigma^2)$ 为均值为 $X_i\bar{\beta}$ 且方差为 σ^2 的正态分布，而 $F(c_i | X_i\bar{\beta}, \sigma^2)$ 则是具有同样均值和方差的在 c_i 处取值的正态累积分布函数。

虽然截断模型可以修正由数据截断性缺损所导致的信息损失，但仍需满足严格的正态及同方差性假设。如果不满足这些假设，那么截断回归结果将不具备一致性。某些新的半参数和非参数方法可以放宽截断和/或删失模型的分布假设，如 Park 等（2008）对截断模型估计方法的探索、李海峥（2003）对包含内生变量的截断模型的研究。基于上述分析，笔者采用广义最小二乘回归来控制异方差性的未知形式并放宽正态性假设条件。

具体地，假设异方差性形式未知但受回归模型中的解释变量 x_i 影响，如式（5-8）所示：

$$\text{Var}(\varepsilon | x_i) = h(x_i) \tag{5-8}$$

式中，$h(x_i)$ 如式（5-9）所示：

$$h(x_i) = \exp(q_0 + q_1 x_1 + q_2 x_2 + L + q_k x_k) \tag{5-9}$$

这里 x_1，x_2，k，x_k 是回归模型中的解释变量。首先估算 $h(x_i)$ 的估计值 $\hat{h}_i(x_i)$，然后用 $1/\sqrt{\hat{h}_i(x_i)}$ 作为权值进行加权最小二乘估计。具体地，$\hat{h}_i(x_i)$ 可由以下回归方程得到，如式（5-10）所示：

$$\log(\hat{u}^2) = q_0 + q_1 x_1 + q_2 x_2 + L + q_k x_k \tag{5-10}$$

式中，$\hat{u}$ 为原最小二乘回归模型中的残差项。最后，通过求出上述回归方程拟合值，得到估计值 $\hat{h}_i(x_i)$。

第四节 实证结果与分析

详细实证结果参见表 5-4 和表 5-5。表 5-4 中，模型（5-1a）第一列为基础截断模型,仅引入了代表社会关系的相关变量,即中国籍教授数和亚籍研究生数,以及与需求—供给相关的学校属性。在模型(5-1b)中,加入了一些控制变量,如国际开放度、公立学校虚拟变量、学校获赠总额以及地理位置的虚拟变量,来捕捉其他因素的影响。综合分析表5-4中的模型5-1a和模型5-1b,有关社会关系的变量都显著影响接纳"公派研究生项目"博士生的人数,且正如所料,中国教授扮演着比亚籍研究生更为重要的角色。由于某些遗漏变量与中国教授人数之间存在潜在的相关性,因此在加入这些控制变量后,中国籍教授的影响变小,从 0.15 降到 0.11。除了有关学校是否沿海的虚拟变量不显著外,其他所有的变量在统计上显著,且符号和预测一致。

表5-4 "公派研究生项目"实施效率的影响因素分析(1)

变量	截断回归模型(5-1a)(基础模型)	截断回归模型(5-1b)(含控制变量)	GLS回归模型(5-1c)(含控制变量)
中国籍教师人数(人)	0.149*** (0.041)	0.111*** (0.033)	0.066*** (0.022)
亚籍研究生入学人数(人)	0.019*** (0.005)	0.020*** (0.004)	0.015*** (0.003)
在读学生总人数(千人)	0.331** (0.154)	0.153 (0.129)	0.056 (0.070)
工程类高校(所)	8.587** (3.697)	3.659 (2.610)	0.878 (1.705)
国际开放度		37.321*** (12.847)	21.022*** (6.457)
公立学校(所)		14.120*** (3.693)	9.497*** (2.285)

续表

变量	截断回归模型（5-1a）（基础模型）	截断回归模型（5-1b）（含控制变量）	GLS回归模型（5-1c）（含控制变量）
获赠总额（十亿美元）		0.709***	0.458
		(0.152)	(0.342)
处于东西海岸的高校（虚拟变量）		-2.411	-0.965
		(3.195)	(1.433)
综合排名（1~30位）（虚拟变量）	13.669*	18.946***	8.810***
	(8.132)	(6.821)	(3.016)
综合排名（31~60位）（虚拟变量）	16.578**	17.981***	7.345***
	(7.315)	(6.307)	(2.325)
综合排名（61~110位）（虚拟变量）	18.830***	16.522***	5.563***
	(7.076)	(5.831)	(1.418)
样本容量/调整 R^2	95/—	95/—	95/0.6527
Wald 卡方检验/F-检验	(7)=50.71	(11)=120.51	(11,83)=17.06
Prob. > Chi^2/F	<0.0001	<0.0001	<0.0001

注：a. 括号内为异方差—稳健标准误差；

b. *表示在10%置信水平上统计显著，**表示在5%置信水平上统计显著，***表示在1%置信水平上统计显著。

由于可能存在异方差，广义最小二乘回归模型被用来纠正未知形式的异方差性，以便提高估计的有效性。模型（5-1c）中可以找到广义最小二乘回归的相应结果。显然，代表社会关系的变量显著影响着"公派研究生项目"学生人数。美国某高校的中国籍教授每增加100人，那么联合培养博士生人数预计将增加7人。当亚籍研究生每增加100人，"公派研究生项目"学生人数将平均增加2人，其影响相对较小，这亦在预料之中。

工程类虚拟变量在基础模型中表现为统计显著，但加入控制变量后变得不再显著，不过回归系数仍为正数。这种变化有可能是工程类虚拟变量与其他控制变量间存在多重共线性所导致，如国际开放度、学校获赠捐助等。

美国高校的综合排名对"公派研究生项目"学生数有直接的影响，学校排名越靠前越有可能接受中国学生，如前30名的学校比起31~60名的学校，平均要多接受1人，而比61~110名的大学，平均多2人。如上所述，中国学生倾向于选择排名靠前的学校来以获得更好的学习和研究经历。该结论与有关学校排名对学生择校有影响的文献结论一致，如Drews 和 Michael（2006）对加拿大高校选择问题的研究表明学生更愿意选择排名靠前的学校。

当引入其他控制变量后，入学总人数就不再显著，这也许跟入学总人数、学校获赠捐助、大学综合排名以及公立/私立等几种因素间存在多重共线性有关。地理位置虚拟变量也不显著，这表明"公派研究生项目"学生数基本上不受沿海或内陆地理位置的影响。一种较为合理的解释是，由于社会关系在此项目中扮演着非常重要的角色，所以在保持社会关系影响不变的前提下，学校的地点因素对结果的影响并不显著。例如，密歇根大学安娜堡分校邀请"公派研究生项目"学生数最多，伊利诺伊理工大学香槟分校次之，但它们都处于内陆地区。

在表5-4的模型（5-1b）中，高校国际开放度对结果呈现出显著的影响。假如亚籍研究生与研究生总人数的比率增加0.1，受邀中国学生人数将大约增加4人。如果国际开放度反映了美国学校对待亚籍学生和教授的态度和相关校园文化，则说明这种内生性因素的确影响了高校是否接受"公派研究生项目"学生以及该校社会关系网的大小。公立/私立学校虚拟变量的估计系数相当显著，公立学校更倾向接收"公派研究生项目"学生。若保持其他因素不变，一个公立学校平均要比一个私立学校多邀请14名"公派研究生项目"

博士生。

为了更进一步考察美国高校研究生项目质量及学科差异对结果的影响,用工程类排名替代综合排名来进行模型估计,表5-5分别给出了截断模型及广义最小二乘回归模型估计结果。在截断模型中,无论在模型中引入综合排名还是工程类排名,社会关系都显著影响"公派研究生项目"学生人数。唯一不同的是,入学人数的影响变为在10%水平上显著。公立/私立学校和国际开放度的影响变小,而地理位置的影响不显著。

为考察生活成本是否为"公派研究生项目"学生选择学校的考虑因素,模型(5-1f)、模型(5-1g)中皆引入了衡量生活成本的变量,即高校官方估计并公布的住校学生每学年的住宿费和食堂餐饮费。每个学校的住宿费和餐饮费差别很大,例如,加州大学伯克利分校每学年该两项费用总和高达13848美元,而北卡罗来纳大学夏洛特分校仅需6034美元,不到前者的一半。然而,无论在截断模型中引入哪种排名,生活成本的影响都不显著。这与有关学校入学和学生择校的文献中所得到的结论完全相反,如Avery和Hoxby(2004)的研究发现,学生对住宿和就餐成本非常敏感。

表5-5 "公派研究生项目"实施效率的影响因素分析(2)

变量	截断回归模型(5-1d)(基于工程排名)	GLS回归模型(5-1e)(基于工程排名)	截断回归模型(5-1f)(含生活成本)	GLS回归模型(5-1g)(含生活成本)
中国籍教师人数(人)	0.125 ***	0.057 **	0.105 ***	0.050 **
	(0.037)	(0.023)	(0.034)	(0.021)
亚籍研究生入学人数(人)	0.016 ***	0.008 **	0.019 ***	0.011 ***
	(0.004)	(0.004)	(0.004)	(0.003)

续表

变量	截断回归模型（5-1d）（基于工程排名）	GLS回归模型（5-1e）（基于工程排名）	截断回归模型（5-1f）（含生活成本）	GLS回归模型（5-1g）（含生活成本）
在读学生总人数（千人）	0.212* (0.118)	0.145* (0.078)	0.201 (0.127)	0.135* (0.069)
工程类高校（所）			3.335 (2.529)	0.061 (1.806)
国际开放度	27.995** (13.227)	11.329* (6.691)	41.096*** (13.353)	25.235*** (6.589)
公立学校（所）	9.633*** (3.569)	1.961 (2.077)	15.408*** (3.796)	12.866*** (2.759)
获赠总额（十亿美元）	0.623*** (0.131)	0.294 (0.262)	0.729*** (0.148)	0.552 (0.392)
处于东西海岸的高校（虚拟变量）	-0.027 (2.985)	0.893 (1.342)	-2.297 (3.124)	0.092 (1.531)
综合排名（1~30位）（虚拟变量）			19.712*** (7.072)	14.041*** (3.586)
综合排名（31~60位）（虚拟变量）			17.640*** (6.813)	8.695*** (2.760)
综合排名（61~110位）（虚拟变量）			16.675*** (5.926)	5.871*** (1.334)
工程类研究生院排名（1~25位）	19.284*** (6.103)	10.788*** (2.950)		
工程类研究生院排名（26~50位）	11.739** (5.285)	2.808* (1.674)		
工程类研究生院排名（51~90位）	6.964 (5.402)	1.622 (1.529)		

续表

变量	截断回归模型（5-1d）（基于工程排名）	GLS回归模型（5-1e）（基于工程排名）	截断回归模型（5-1f）（含生活成本）	GLS回归模型（5-1g）（含生活成本）
住宿及膳食费（千美元）			0.581 (0.792)	0.213 (0.479)
样本容量/调整R^2	95/—	95/0.4742	95/—	94/0.6413
Wald卡方检验/F-检验	(10)=111.58	(10, 84)=9.48	(12)=124.70	(12, 81)=14.85
Prob. >Chi^2/F	<0.0001	<0.0001	<0.0001	<0.0001

注：a. 括号内为异方差—稳健标准误差；

b. *表示在10%置信水平上统计显著，**表示在5%置信水平上统计显著，***表示在1%置信水平上统计显著。

这种不受生活成本影响的择校策略，可能基于以下两种因素：一是"公派研究生项目"下的学生更加关注是否被对方学校所接受，从而弱化了对生活成本的考虑；二是首批学生并未掌握美国学校生活成本存在巨大差异的全面信息。这主要是"公派研究生项目"实施第一年，学生没有被给予充裕的时间进行申请，所以观测不到生活成本的影响也应该是符合实际情况的。试想，当随后几批"公派研究生项目"学生有足够的时间去掌握生活成本全面信息后，他们是否会在择校时对生活成本有更多的权衡，这是一个值得进一步关注的问题。

第五节 本章小结

本章利用独特的数据集——有关2007年"公派研究生项目"资助下赴美高校/研究机构进行联合培养的1977名学生的相关信息,既实现了对影响高校择校问题的非传统决定因素的研究,同时也探讨了提升"公派研究生项目"实施效率的重要环节和影响因素。在出国留学信息膨胀、搜索及筛选成本提高的背景下,笔者在剔除传统主导因素(如标准化考试成绩、入学成本等)后,证实了社会关系等非传统因素显著影响着高校与学生之间的双向选择,成为左右"公派研究生项目"实施效率的关键因素。

本章提出基于需求—供给模型研究了中国学生与美国大学之间的社会关系对潜在利益和成本的影响,并分别利用截断模型和广义最小二乘回归模型进行估计。在保持其他因素不变的情况下,社会关系显著影响受邀博士生人数,且该结论在所有模型中都较稳健。并且,在代表社会关系的两个因素中,中国籍教授的影响大大超过亚籍研究生。同时,美国高校的国际开放度的高低直接关系中国学生被接受的可能性;而且相比私立学校,美国公立学校在邀请中国学生方面表现得更加积极。此外,如果用排名来衡量美国大学的质量和声誉,其对结果也有较显著的正效应。与传统择校问题研究所得到的结论相比,高校地理位置的影响似乎并不显得十分重要。

总结2007年"公派研究生项目"的实施情况,发现项目第一年受资助人员规模远未达到计划的每年5000人的目标,由此可见,项目开展初期的实施效率并不高。本章的研究结论表明,通过引导国内高校注重利用现有的国际合作渠道及社会关系等选派访学人员,这将有效扩大项目资助人员的派出规模。更进一步,由于申请攻读学位人员在高校申请过程中同样受到社会关系因素的影响,因此,该研究无论是对中国海外留学人员、对国外高校,还是对"公派研究生项目"的主管部门,都具备有益的参考价值。

综上所述,本章对社会关系作用的拓展性研究,一方面,为中国政府调整和改进高等教育层面出国留学项目的实施提供切实建议,特别有助于推动新的"公派研究生项目"的开展,提升项目实施效率;另一方面,美国政府为加强中美双边学生交流,也启动新的高等教育合作项目,2010~2013年资助大约10万名美国学生来华学习①,那么该研究的相关结论也将为该类项目的成功实施提供有益参考。

在下一步的研究中,将尝试从不同角度定义社会关系,并进一步关注社会关系对赴海外申请攻读学位的留学人员择校决策的影响。同时,待获取后续微观数据后,将可持续考察首批"公派研究生项目"的联合培养博士生对随后几批学生的影响,从而进一步研究社会关系的动态及持久效应,为提升项目实施效率提供更全面的实证支持。

---

① 中美联合公报(北京,2009)[EB/OL]. http:www.whitehouse.gov/the-press-office/us-china-joint-statement,2011-03-01.

第六章 "985工程"绩效提升与政策建议

1999年正式启动的"985工程"已经相继完成了一期和二期的规划、实施与验收工作，在拔尖创新人才培养、科技创新能力建设、服务国家经济与社会发展、自身体制机制改革探索等方面都取得了显著成效，同时也发现了不少亟待解决的问题，例如，教育部提出要求学校"戴帽配套"的项目过多，超出了原有资金计划；创新平台（基地）缺乏具有顶尖水平的学术带头人；专项资金多投入在硬件设备上而忽视人才引进投入，资金使用效益低；管理体制和运行机制不健全；等等。

特别是在高等教育资源仍然有限的情况下，提高资源配置和工程实施效率正是深入推进"985工程"的当务之急。正值"985工程"三期的起步阶段，已有部分高校"985工程"三期建设规划获得教育部批准，并正式开始实施。如果上述问题不加以很好地解决，势必将影响"985工程"后续建设的顺利实施与成效。

本章针对"985工程"中存在的主要问题，结合前述的比较分析与实证研究结论，提出进一步提升"985工程"实施效率及绩效的政策建议和具体举措。

第六章　"985工程"绩效提升与政策建议

第一节　构建科学高效的管理体制与运行机制

一、健全资源配置与使用效率监管机制

第四章的实证研究表明，对于高校的科研与教学生产效率来说，资金是起决定性作用的因素。如果有充足的资金，就可以请到最好的教授，并提供最好的人力配备、财政保障和硬件设施支持等；同时，高额奖学金也可以吸引更多优秀的学生，从而将极大地促进高校办学效率的提高。然而，一方面，"985工程"建设仅依靠中央财政专项资金是远远不够的，各个高校必须调动一切积极因素，千方百计地寻求社会各个方面的支持；另一方面，在"开源"的同时更应注重"节流"，建立健全资源配置与使用效率的监督管理机制。

在国际上，我国较早实行了高等教育重点建设计划，"985工程"一期和二期的资金投入已使入选高校的整体实力显著增强。然而，由于参与建设的高校多达39所，导致各个高校获得的相对专项资金额度仍然非常有限，加之配套资金到位率低，因此，为了实现赶超世界高等教育发达国家的目标，仍需继续集中有限资源，并加大投入力度。基于资源有限性的考虑，"985工程"资助的高校范围不宜继续扩大；反之应结合系统的绩效评估结果，暂停对建设不力、资金投入产出率特别低的高校的后续资助。从加快建设若干所世界一流大学的目标出发，作为"985工程"重中之重建设的高校数量不宜过多，应将建设资金的一半左右集中投入基础较好的几所高校，如清华大学、北京大学等传

统名校，使之率先加入世界一流大学的行列，从而以点带面，带动我国高等教育整体实力的提升。

具体地，在各高校层面的资源配置中，主管部门应出台完整资源配置办法，结合前两期的资源使用效果，推出具有可操作性并为多方所认可的配置原则及实施办法。必须要杜绝领导决定一切、磋商确定资助金额的方式。从管理学的角度来看，高校资源配置方案必须要遵循公平、公正、公开的原则，保证规划预算的合理性和科学性，同时须具有很强的可操作性，并为大部分群体所认同。

在各高校内部的资源配置中，应继续推动各类软件资源、硬件资源的整合，合理投入。建设世界一流大学，不仅要有一流的人才，还要有一流的研究手段。因此，学校要强化重要支撑条件建设，包括仪器、设备、信息和工作环境等方面的建设。在建设中，应注重突破行政划界和学科壁垒，合理整合并优化现有资源，避免重复建设，实现资源的效用最大化。同时，在新增资金的投入中，必须避免铺张浪费，注重提高效率，并发挥资金配置对现有资源优化的引导和促进作用。

各个高校应结合自身情况，不能为了"见效益、讲成果"而忽视基础学科、社会学科的建设，避免出现两极分化的情况。同时，在制定规划时应制定详细的资金使用计划，依托"985工程"建设办公室对建设规划进行审核，对建设资金的配置原则和要素进行规范分析，并对实施过程进行全程监督。在"985工程"三期建设中，要引入更为系统的绩效考评机制及新的资金分配办法，既要体现与"985工程"二期的衔接和继承，同时也要充分反映上一年度的建设水平和成就。按照科学化、精细化管理的要求，采取"规划＋绩效"资金管理办法，建立动态管理机制，并完善项目管理机制。

除此之外，国家教育部一方面应减少对各高校的"戴帽配套"项目总量，另一方面应预留部分专项经费,作为对各高校建设成果的奖励,并进一步完善激励制度。同时,各高校也应根据自身实际情况预留一定比例的财政专项经费,作为标志性成果和杰出人才的引导基金或激励基金。

二、健全"985工程"监管与验收机制

科学有效的评价机制,包括对计划所确定的目标、投入的资源、管理方案及产出成果等的评估。现有的工程绩效评估机制,往往是重数量、轻质量,重科研、轻教学,重申请、轻验收,混淆"985工程"的"净效应"与高等教育的整体发展带来的影响。

虽然自"985工程"开始实施,相关的验收机制就在不断地改革,但仍有不够完善之处。其中,最主要的原因还是工程建设的体制问题,"985工程"一期建设中,以高校为资助和验收对象,由于涉及面广,造成了工程验收困难,相关制度无法落实到位且可操作性不强;"985工程"二期开始推行的科技创新平台和哲学社会科学基地制度为验收机制改革提供了保障,验收标准能够进一步细化,收到了较好的效果。从大的方面看,"985工程"三期建设中进一步推广和细化以平台(基地)为依托的验收评估机制。

特别是在师资队伍建设的验收中,要进一步完善教师综合评价体系和考核办法,依照不同学科特点,建立与学科性质、学科领域相适应的分类评价标准体系,实行分类管理、分类评价。正确处理投入与产出的关系、量与质的关系、个人评价与团队考评的关系,逐步提高对教师教学水平和质量的要求。将教师聘任考核管理机制与"985工程"队伍建设评估机制结合起来,增强专任教师的紧迫感和责任感,从而全方位提高"985工程"师资队伍建设的效果。

此外,各高校应加快建立有效的绩效考评体系,通过对项目支出的申报、

审核、立项、实施、检查和验收的全过程管理，落实全程追踪问效和绩效评价的具体措施。

第二节 推动创新平台与基地建设

一、健全创新平台与基地机制

科技创新平台与哲学社会科学创新基地建设是"985工程"二期推出的重要举措，是"985工程"体制创新的核心内涵，通过二期的实践取得了良好的效果，在工程三期中仍然是重点建设的对象。各高校应抓住创新平台和基地建设的契机，突破传统学科界限，积极探索建立有利于学科交叉、融合和汇聚的创新型学科管理体制。

首先，作为提升高校科研实力的有效措施，未来的平台（基地）建设应围绕大项目进行构建，打破阻碍学术及科研创新的学科布局，集中高校自身的优势资源，完成具有重大科技战略意义和社会影响的重大项目研究。这就需要平台（基地）建设与高校现有的国家实验室及国家重点实验室接轨，无论从管理模型上还是运行机制上，都要突破高校以往各类实验室封闭式的管理架构和运行机制；建立实验设备公共平台（基地）和共享机制，最大限度地发挥仪器设备的效益；注重产学研联合发展，为科研创新增添活力；同时，建立公正合理的科技与人才评价机制，针对不同学科类别实行不定期的考核评估，结合激励措施，防止倦怠和应付思想的滋生，激发广大教师科技创新的积极性。

第六章 "985工程"绩效提升与政策建议

其次,在科技创新平台和哲学社会科学基地建设规划中,各校要结合自身特点和学科优秀,合理调配资源结构,既要突出重点建设也要兼顾全局发展,积极探索创新型的平台(基地)管理模式和运行机制。强化平台(基地)的组织和领导,增强各平台(基地)运行中的自主权,发挥专家和学科带头人的指导性作用。根据不同平台(基地)的发展需要,合理设置岗位、公开招聘、平等竞争、科学考核,形成职务与岗位、权利与责任、奖励与惩罚为一体化的高校管理运行机制。

也就是说,要通过不断的体制改革和制度创新,探索建立符合高水平大学建设的管理体制和运行模型。力争消除各种不必要的行政壁垒,克服高等学校现有院(系)管理组织的弊端,改革现有的学科组织模式、科研组织模式和人才培养模式。在"985工程"三期建设中,要继续大力推进科技创新平台与哲学社会科学创新基地建设,切实落实以平台(基地)为核心的管理体制和运行方式,在高校内部探索建立多维度的、相互穿插的科研与教学管理模式。

二、整合资源与提高使用效率

在第三章的实证分析结论表明,资源配置效率是继技术效率之后影响高校办学效率的第二大要素,科技创新平台和哲学社会科学创新基地的建设是高校整合资源、提高资源使用效率的重要契机,在此期间,应积极探索整合资源与创新平台(基地)建设之间的关系,强调统筹资源、统一调配,办大事、做大研究,提升学校的办学能力。在资源整合过程中,要采取宏观引导、科学论证,充分认识科学研究的周期特征,避免以课题为导向等短期行为,防止资源浪费。

创新平台(基地)是高校科学研究的重要载体,各校在制定平台(基地)整体布局上,应群策群力、广泛论证,切实从学科建设、人才培养、条件支撑及队伍建设等方面凝练建设框架,通过整合多学科、多方面的研究力量,来提升高校的核心竞争力和创新能力。在确定平台(基地)建设方向及实施方案的过程中,要强调集约化优势,体现整体效果,避免研究内容的边缘化、分散化。

"985工程"的平台(基地)应该是科学的组合,更应该是学科的交叉融合,这是学科发展的内在机制和必然要求,是获得原创性科学成果的有效途径。要将整合资源与平台(基地)建设有机结合起来,避免简单的拼凑、捏合,集中一流的人力、物力资源建设优势学科群体,关注学科交叉的深度及新兴学科的前沿和生长力培养。同时,资源的整合应该是动态的,而非一成不变的,要因事立项,体现科学性,搭建具有人员流动性和资源共享特征的开放式的科研组织形式。具体来说,从学校的整体发展战略出发,以研究和解决重大理论现实问题为指引,通过这些重大问题将不同的学科聚集起来。

此外,要完善有效的资金体系,提高资金使用效率。各校应在"985工程"建设办公室内设立专项资金管理小组,实现专项资金管理的集中和汇集,构筑相互关联、有效的资金体系。通过对各种专项资金的投入方向、使用效率的通盘掌握,依据各类专项资金的特点确定不同的扶持重点;通过资金的合理有效配置,实现学科建设的分层推进。对于获得多项资金资助的学科,注重资源的内部整合、捆绑使用,提高资金使用效率。全方位落实上述措施,实现对平台(基地)建设及具体项目实施全过程的动态管理和项目目标的综合协调与优化;通过资源的合理整合提高使用效率,放大有限资源的功效,加快"985工程"建设。

第三节　强化国际合作与丰富"985工程"内涵

一、兼顾效率与质量

第五章的研究从微观层面揭示了国际合作项目实施过程中的复杂性以及现阶段推进高校国际合作项目的有效途径，加强国际合作，是加快提升"985工程"建设绩效的重要内容，在此过程中既要注重效率更要关注质量。

在学校建设层面，要充分发挥"公派研究生项目"的带动作用，结合各校自身学科优势，搭建国际化交流合作平台。各个学院及研究所要积极争取与若干所世界知名大学的相关院系、科研结构或若干世纪知名的高科技企业、跨国公司建立实质性的交流合作关系，提高派出人员比例。同时，鼓励教师、学生与国外知名学者之间的学术交流，并促进其发展成为院际、校际间的正式合作；策划和推动若干项能产生重大国际影响的大项目，推进学科前沿领域的科研合作与互访；积极争取举办或者承办高水平国际及区域性的学术会议。

在学科建设层面，构建与国际接轨的课程体系，打造国际水平的课程。具体地，从各校的优势学科入手，学习和借鉴世界一流大学的课程体系，设计面向世界的教育框架。探讨和研究符合研究生教育客观需要和学科发展建设的课程设置，整合国内外教学资源，重点建设一部分达到国际水平的研究生课程，采用聘请国外优秀教师进行全英文授课。同时，培养自身的高水平课程教学教师团队。

在国际性人才培养层面，针对提高把握国际学术前沿能力的需要，一方面支持各学科中优秀人员持续性地参加所在学科重要的国际学术组织的活动，并在资金上给予充分的支持；另一方面支持优秀青年教师、优秀青年科研骨干到国际一流大学或教育机构进修和培训，有效拓展各学科的后备学术带头人的国际视野，从而在提高学科建设水平的同时提升其可持续发展能力。

为提升研究生（特别是博士研究生）的培养质量，应资助适当比例的研究生赴海外知名大学进行中短期的访学交流。同时，建立博士生参加高水平国际会议和国外访学的资助机制，设立相关基金，鼓励和资助优秀的全脱产博士生参加国外高水平国际学术会议（宣读论文），为扩展博士生的研究视野创造机遇，提高博士生捕捉最新研究前沿的能力并积累国际学术交流的经验。为了降低成本提高效率，各校应重视进一步拓展与国外高水平大学的校际交换项目，加大宣传力度，吸引更多高水平的国外研究生参与交换项目，同时也为更多的本国优秀研究生提供派出访学的机会。

此外，在注重提高国际合作交流效率的同时，必须严把质量关。坚决杜绝不论国外高校的水平高低一概进行合作、一味追求合作项目数量而不顾质量的做法。在选择世界排名前100名之外的高校的时候，必须通过严格的评估筛选程序，杜绝人情项目，节约有限的高等教育资源，用于能够产生更大绩效的国际合作项目。

二、注重高水平人才引进

目前，全职引进国际上的知名学者难度相当大，其中包含方方面面的原因，想一蹴而就从根本上解决也是不现实的。与此情况不同，各校在引进海外客座教授、讲座教授的工作中开展得比较顺利，在一定程度上提高了师资队伍的整体素质，师资队伍建设呈现出良好的发展态势。

在"985工程"三期建设中，各高校应更加注重引进高水平海外教师、专家,改善师资队伍结构,以长期与短期方式、全职与兼职方式相结合聘请海外教授专家进行学术报告、讲学、授课等,从而间接地增加各校教师与学生参与国际学术活动的机会,为培养拔尖的创新型人才服务。在国内高水平人才的培养中,积极实施中央"千人计划""长江学者奖励计划""国家杰出青年基金"等各项高端人才培养、选拔项目。

在各校下一阶段的高水平人才引进和培养工作中,要特别注意为高端人才营造良好的工作和科研环境、配备优秀的后备研究人员。由于引进国际学科领军人才的成本相当高且难度大,所以一定要注重提高其使用效率,充分发挥领军人才的带动作用,实现效用最大化。那么,在引进国际高水平教授、应届博士毕业生及博士后时,必须要为其配套必要实验仪器、设备、数字化资源、科研团队以及充足的科研资金保证等。

总的来说,各校应具体划拨出部分专项资金投入一流人才的引进中,并依托科技创新平台与哲学社会科学创新基地建设,建立以学科领军人物为核心的创新团队,并给予重点资助,逐步使师资队伍结构更加合理,整体实力进一步增强,并在主要学科领域建成若干国内外有重要影响力的创新团队。

第四节 本章小结

依据本书的实证研究结论,结合我国"985工程"一期、二期建设中的经验和存在的问题,本章从工程的规划、管理、实施、验收等多个角度对"985工程"三期建设提出了相关的政策建议。相关建议具体包括三个主要方面:构建科学高效的"985工程"管理体制与运行机制,推进科技创新平台和哲学社会科学创新基地建设，强化国际合作并丰富"985工程"内涵。

首先，必须清醒地意识到，"985工程"是一个针对我国高水平大学建设发展的庞大工程，科学化、高效化的管理体制和运行机制必不可少，是整个工程顺利实施和运作的根本保障。因此，必须加快人事制度改革，建立以竞争、流动为核心的人事管理机制、人才评价机制和科学合理的分配激励机制。同时，突破以传统学科划分为基础的科研管理与学科组织模式，建立有利于学科交叉、学科融合的开放性运行机制，建立以专项资金使用绩效为核心的公开、公平、公正的绩效考核和评价机制。

其次，要积极推动科技创新平台和哲学社会科学创新基地建设，搭建好"985工程"的主体。一方面，在平台（基地）建设中，仍要以国际科技前沿和国家现代化建设重大需求为导向，以学科建设为指导，围绕国家重大基础研究、战略高技术研究和重大科技计划，整合、建设一批高水平的"985工程"科技创新平台。平台（基地）建设作为整合资源、提高资源使用效率的重要契机，强调统筹资源、统一调配，办大事、做大研究。在资源整合过程中，要采取宏观引导、科学论证，充分认识科学研究的周期特征，避免以课题为导向等短期行为，防止资源浪费。另一方面，围绕国家、区域社会发展、经济建设中的重大问题，建设一批跨学科、具有交叉性和融合性的开放的"985工程"哲学社会科学创新基地。进一步推动人文社会科学与其他学科的相互融合，孕育和催生新的学科研究领域。

最后，要注重强化国际合作，丰富国际合作方式，加快"985工程"的建设步伐。建设有利于国际学术交流与合作研究的环境，聘请国际知名学者来校讲学、合作研究，与世界一流水平的大学或学术机构开展实质性合作。要坚持"请进来""用得上""走出去""有带动"的基本原则，促进高校自身高端人才的培养。同时，积极开展高水平的国际合作科研项目，召开高水平的国际学术会议，推动我国高等教育国际化进程。

总的来说，在"985工程"未来的建设中，要全面体现科学化管理体制、高效化运行机制，具备学科交叉融合的开放式动态创新型平台和基地以及丰富的高质量国际合作框架。

第七章 "985工程"实施效率及影响因素研究总结

笔者针对"985工程"十余年来的实施情况,首先对"985工程"的规划、实施、验收等环节进行了比较分析,接着分别对"985工程"的资源配置效率情况、高校生产效率以及国际合作项目实施效率的影响因素展开了定量的实证分析。

本书主要包括以下几个部分,各部分分别对"985工程"中存在的主要问题进行了较深入的研究,并体现出一定程度的创新性工作:

第一,首先完成对高等教育领域中"效率"概念的分类和界定,并结合"985工程"的现状和具体举措,阐明了"985工程"实施效率问题的范畴和需要重点研究的问题,即高等教育资源配置效率问题、高校技术效率的影响因素分析以及项目实施中的非传统制约因素等。

第二,对我国"985工程"的由来、发展及暴露出来的主要问题进行了系统的梳理,同时将其与韩国"21世纪智慧韩国工程"、日本"21世纪卓越基地项目"以及德国"卓越计划"的开展情况进行了细致的比较分析。研究表明,目前"985工程"与我国高等教育事业发展整体规划之间仍需要进一步协调，应防止高等教育行业的"两极分化"问题；"985 工程"的资助对象单一，仅以高校为对象，而国际上较多采用以研究团队、研究生项目等为对象的复合资助方式；资金来源单一，总量不足，且缺乏对配套资金的约束机制，资源配置采用多方磋商，缺乏竞争和激励措施，配置效率不高；"985 工程"建设项目的实施效率及绩效评估机制亟待健全，现有绩效评估机制可操作性较弱，且缺乏可比性，不利于高校间的公平竞争。

结合我国高等教育发展的现状和国际经验，本书提出应该在创新平台（基地）建设的基础上，进一步推行多层次的资助方案，既面向学校，也面向研究团队和个人；同时，严格控制"985 工程"的资助范畴，确保单项扶持力度，并建立适度的奖惩机制；健全第三方的评审机制，确保公平高效。

第三，分别对教育部直属"985 工程"高校和非"985 工程"高校的科研与教学生产效率发展情况进行了系统性的描述分析，发现 2001～2007 年所有教育部直属高校的科研型教师数目增长迅速，而教学型教师规模变化较为平缓且略有下降。总体来看，"985 工程"高校无论在师资规模、科研经费投入，还是在科研产出上都明显优于非"985 工程"高校。

同时，在回顾高等教育资源配置研究发展的基础上，运用动态权重分析法，通过对高等教育行业生产效率变化的分析，实现了对高等教育资源配置效率的定性实证研究。相关研究表明，高等教育行业科研生产力的提高，在很大程度上依赖于每个高校自身科研生产力的增长，而高等教育行业内各高校生产效率水平的差异制约了行业科研生产效率的增长，有限资源配置的合理性和有效性没有得到充分的体现。换句话说，虽然目前中国高等教育的科研资源配置正在向合理方向转移，但仍未通过合理配置资源实现科研生产效率的最大化。相比于科研资源配置情况，高校教学资源配置的效率更优。"985 工程"高校比非"985 工程"高校获得了更多由教学资源配置效率带来的效益。

第四，本书相关研究表明，2001~2007年教育部直属的"985工程"高校无论在科研生产效率还是在教学生产效率上都要优于非"985工程"高校。2005年后，高校师资力量的增长跟上了本科生规模的增长，基本上解决了由于大规模扩招说导致的短期内师资力量短缺的矛盾。

本书构建了包含较长时间跨度的高校生产力面板数据，并基于对高校科研生产力与教学生产力方程的推导，运用多元回归模型及固定效应模型，系统地对影响高校科研与教学生产力的主要因素进行了实证研究，为"985工程"的绩效评估提供了新的可行性思路。相关研究结论表明，相对于其他教师来说，青年教师对高校科研生产效率的增长具有显著促进作用；"985工程"高校的博士生对论文产出的贡献作用要显著高于非"985工程"高校的博士生；"985工程"高校在研究生培养中，更加注重以科研为主、以课程教学为辅的培养机制。

第五，通过总结2007年"公派研究生项目"的实施情况，发现项目第一年受资助人员规模远未达到计划的每年5000人的目标，可见开展初期，该项目的实施效率并不高。且项目实施以来，由于缺乏有效的实施效率及绩效评估机制，而引发了一些质疑。基于此，本书首次提出结合"公派研究生项目"特点，运用截断模型与GLS模型对项目实施过程中最重要的择校环节进行研究，探究制约项目实施效率的主要影响因素。

研究表明，在出国留学信息膨胀、搜索及筛选成本提高的背景下，在剔除传统主导因素（如标准化考试成绩、入学成本等）后，社会关系等非传统因素显著影响着高校与学生之间的双向选择，成为左右"公派研究生项目"实施效率的关键因素。换句话说，为了增加获得资助的可能性并缩减成本，项目申请人员应尽可能地利用个人、学院或学校现有国际合作渠道，选择开放度高的公立大学作为申请对象。但同时，对于国家留学基金管理委员会来说，仍要严格审核邀请人及受邀人员的资质,杜绝"人情"邀请,提高国际合作项目绩效。

第六,本书精练了"985工程"实施过程中存在的关键性问题,例如,缺乏科学高效的管理机制与运行机制,特别是资金使用效率偏低,缺乏科学的验收机制;科技创新平台哲学与社会科学创新基地建设落实不到位,没有处理好平台(基地)建设与学科建设及人才培养之间的关系;"985工程"国际合作派出项目的效率与质量不高,同时引进高水平的学术带头人难度很大;等等。

结合相关的实证结果,本书提出,健全"985工程"的管理体制和运行机制是重点,同时要切实落实各高校的创新平台(基地)建设规划,避免大而空,抵制平均主义,确保优势学科和强势专业在平台(基地)建设中的主体地位。另外,可参照较成熟的学术项目验收方式,针对具体项目而非整个学校进行匿名验收,确保公正,同时便于横向比较。在国际交流合作上,建议尝试公开更多的项目参与人员及国外接收导师和高校的信息,便于广泛监督,降低管理成本,提高访学质量。同时,依托国外各使领馆设立适度的奖惩办法,并严格执行,国内主管单位也应全面采集并及时上报回国人员的研究成果,为考察项目实施绩效提供翔实的数据,便于后续项目的改进。

"985工程"是一个非常庞大、涉及面很广、涵盖较多的中长期建设规划。对其效率问题的研究无法做到面面俱到,加之又受限于相关数据的可获得性等因素的干扰,本书仅能从主要的几个方面进行探索性研究。由于时间和能力上的限制,本书在一些问题的研究上还不够深入,这是本书的遗憾,希望能在将来进一步研究和完善。具体来说,主要表现为以下三个方面:

第一,在有关高校生产效率影响因素的研究中,由于受到数据缺乏的限制,高校科研产出的质量很难衡量,即使应用在国外期刊发表的论文数量作为替代,仍然不够充分,可以考虑用已发表论文的被引用率及期刊的影响因子来构造权重,通过加权计算高校科研产出指数来进行比较分析。

第二,相比之下,高校教学产出的质量更加难以测度,一种潜在的可行性研究方案是抽样追踪考察各高校毕业生未来多年的教育回报情况(如收入水平、财富累积等指标)。虽然该方法操作起来较困难且成本巨大,但其研究结果和意义却非常值得期待。

第三,在"公派研究生项目"实施效率的研究中,缺乏有关申请人个人的微观信息,如有可能获得将能得到更加充实的结论。此外,待获取后续几批"公派研究生项目"学生的数据后,可以进一步研究"公派研究生项目"的联合培养博士生对随后几批派出人员择校策略的影响,从而能够进一步研究社会关系的动态及持久效应。

参考文献

[1] "985 工程"[EB/OL]. http：//zh. wikipedia. org/zh/985%E5%B7%A5%E7%A8%8B#cite_note-0, 2011-03-01.

[2] 常晓宁. 高等教育资源配置的现状及实现优化配置的途径[J]. 中山大学学报（自然科学版），2004，43（增刊）：251-253.

[3] 丁岚，李海峥. 赴美联合培养博士生择校问题分析[J]. 高等教育研究，2010，31（10）：28-37.

[4] 陈琼娣. 教育部直属985工程院校科研效率的实证分析[J]. 科技进步与对策，2010，27（8）：145-148.

[5] 付艳. "21世纪智慧韩国工程"研究[D]. 西南大学硕士学位论文，2009.

[6] 国家留学基金管理委员会. 国家建设高水平大学公派研究生项目选拔简章（2010-09-27）[EB/OL]. http：//www. csc. edu. cn/Chuguo/2cdca04a4c6047b7b114e5eca6bfed0b. shtml, 2011-03-01.

[7] 侯光明，晋琳琳. DEA方法在研究型大学建设绩效评价中的应用[J]. 高教发展与评估，2005，21（5）：25-29.

[8] 教育部［EB/OL］. http://moe.eol.cn/edoas/website18/85/info1216619366572585.htm, 2008-07-21.

[9] 教育部、财政部. 教育部 财政部关于继续实施"985工程"建设项目的意见［EB/OL］. http://202.205.177.9/edoas/website18/20/info5120.htm, 2011-03-01.

[10] 孔捷. 从平等到卓越——德国大学卓越计划评析[J]. 现代大学教育, 2010 (3): 52-57.

[11] 李平, 吴庆文. 一流大学师资队伍建设的着力点[J]. 中国地质大学学报（社会科学版）, 2010, 10 (1): 8-12.

[12] 李文利, 由由. 对高等学校办学效率的实证方法和计量分析技术的探讨[J]. 教育与经济, 2007 (2): 36-40.

[13] 刘莉, 刘念才. 我国大陆高校 SSCI 论文定量分析: 1978~2007[J]. 清华大学教育研究, 2009, 30 (6): 41-45, 78.

[14] 刘念才, 刘莉, 程莹等. 实施"985工程"追赶世界一流大学——从世界名牌大学学术排行变化说起[J]. 中国高等教育, 2003 (17): 22-24.

[15] 罗尧成. 我国高校博士课程设置现状分析及改革建议——基于三所"985工程"高校调查问卷的统计[J]. 高等工程教育研究, 2009 (5): 149-154.

[16] 吕艳, 孟宪青, 王红丽. 从"985"部属院校情况看研究型大学师资队伍建设[J]. 高教发展与评估, 2009, 25 (2): 63-67.

[17] 彭子成. 实施"985工程"不能削弱本科教学[J]. 中国高等教育, 2005 (17): 26-27.

[18] 戚巍, 陈晓剑, 张岩等. 基于 TOPSIS 的中国研究型大学学术绩效评价方法研究[J]. 中国高教研究, 2010 (1): 15-19.

[19] 孙华. 德国"卓越大学计划"及其对我国"985工程"的启示[J]. 黑龙江高教研究, 2010 (5): 9-11.

[20] 王莉华. 我国高等教育的绩效专项经费改革及完善思路——以"211工程"和"985工程"为例[J]. 中国高教研究, 2008 (9): 35-38.

[21] 王晓娜. 我国高校教育基金会研究[D]. 吉林大学硕士学位论文, 2008.

[22] 王耀刚. 高等学校教师资源优化配置研究[D]. 天津大学博士学位论文, 2006.

[23] 吴伟, 刘志民, 郭霞. 我国高等教育财政经费拨款机制与模式的改革方向探索[J]. 高教经济, 2005 (4): 49-51.

[24] 徐小洲, 郑英蓓. 韩国的世界一流大学发展计划: BK21工程[J]. 高等工程教育研究, 2006 (6): 99-104.

[25] 杨栋梁. 日本推行高等教育改革的新举措——《21世纪COE计划》评述[J]. 日本学刊, 2003 (5): 120-129.

[26] 曾小彬, 刘芳. 论高等教育资源的类别及其配置结构[J]. 天津师范大学学报(社会科学版), 2007 (4): 67-69.

[27] 张帆. 德国大学"卓越计划"评述[J]. 比较教育研究, 2007 (12): 66-70.

[28] 张晓玲. 加强"211工程"三期重点学科建设的几点思考[J]. 中国高教研究, 2008 (9): 28-30.

[29] 赵红军, 魏欢. "985工程"张力的扩展[J]. 求索, 2008 (4): 157-158.

[30] 中美联合公报(北京, 2009)[EB/OL]. http://www.whitehouse.gov/the-press-office/us-china-joint-statement, 2011-03-01.

[31] 朱军文. 基于 SCIE 论文的我国研究型大学基础研究产出表现研究: 1978 - 2007 [D]. 上海交通大学博士学位论文, 2009.

[32] 朱军文, 刘念才. 我国研究型大学科研产出的计量学分析[J]. 高等教育研究, 2009, 30 (2): 30 - 35.

[33] 朱相丽. 日本建设优秀研究中心的若干举措[J]. 全球科技经济瞭望, 2009, 24 (1): 13 - 18.

[34] Adams J. D., Clemmons J. R.. The growing allocative inefficiency of the U. S. higher education sector [M] //Freeman R. B., Goroff D. L., editors. Science and Engineering Careers in the United States: An Analysis of Markets and Employment [M]. Chicago: University of Chicago Press, 2009, 349 - 382.

[35] Alvarez R., Crespi G.. Determinants of technical efficiency in small firms [J]. Small Business Economics, 2003, 20 (3): 233 - 244.

[36] Athanassopoulos A. D., Shale E.. Assessing the comparative efficiency of educational institutions in the UK by means of data envelopment analysis [J]. Education Economics, 1997, 5 (2): 117 - 134.

[37] Avery C., Hoxby C. M.. Do and should financial aid packages affect students' college choices? [M] //Hoxby C. M., editor. College Choices: The Economics of Where to Go, When to Go, and How to Pay for It [M]. Chicago: University of Chicago Press, 2004: 239 - 302.

[38] Badunenko O., Fritsch M., Stephan A.. Allocative efficiency measurement revisited - Do we really need input prices [J]. Economic Modelling, 2008, 25 (5): 1093 - 1109.

[39] Belfield C. R., Fielding A.. Measuring the relationship between resources and outcomes in higher education in the UK [J]. Economics of Education

Review, 2001, 20 (6): 589 – 602.

[40] Bergstrom T. C., Roberts J. A., Rubinfeld D. L., et al. A test for efficiency in the supply of public education [J]. Journal of Public Economics, 1988, 35 (3): 289 – 307.

[41] 21世纪智慧韩国 [EB/OL]. http://bnc.krf.or.kr/home/eng/bk21/aboutbk21.jsp, 2011 – 02 – 27.

[42] Breiger R. L.. Social mobility and social structure [M]. Cambridge: Cambridge University Press, 1990.

[43] Breiger R. L.. The social class structure of occupational mobility [J]. American Journal of Sociology, 1981, 87 (3): 578 – 611.

[44] Brissimis S. N., Delis M. D., Tsionas E. G.. Technical and allocative efficiency in European banking [J]. European Journal of Operational Research, 2010, 204 (1): 153 – 163.

[45] Burney N. A., Mohammed O. E.. The efficiency of the public education system in Kuwait [J]. The Social Science Journal, 2002, 39 (2): 277 – 286.

[46] Charnes A., Cooper W. W., Rhodes E.. Measuring the efficiency of decision making units [J]. European Journal of Operational Research, 1978, 2 (6): 429 – 444.

[47] Chavas J – P., Petrie R., Roth M.. Farm household production efficiency: Evidence from the Gambia [J]. American Journal of Agricultural Economics, 2005, 81 (1): 160 – 179.

[48] Chen J – K., Chen I. S.. Inno – Qual efficiency of higher education: Empirical testing using data envelopment analysis [J]. Expert Systems with Applications, 2011, 38 (3): 1823 – 1834.

[49] Cherchye L., De Witte K., Ooghe E., et al. Efficiency and equity in private and public education: A nonparametric comparison [J]. European Journal of Operational Research, 2010, 202 (2): 563 – 573.

[50] Ding L., Li H.. Social networks and study abroad—The case of Chinese visiting students in the US [J]. China Economic Review, 2012, 23 (3): 580 – 589.

[51] Drewes T., Michael C.. How do students choose a university? [J]. An analysis of applications to universities in Ontario, Canada [J]. Research in Higher Education, 2006, 47 (7): 781 – 800.

[52] Educational exchange between the United States and China. An IIE Briefing Paper, 2008.

[53] Fazackerley A., Worthington P.. British universities in China: The reality beyond the rhetoric [R]. An Agora Discussion Paper, 2007.

[54] Foster L., Haltiwanger J., Krizan C. J.. Aggregate productivity growth: Lessons from microeconomic evidence [M]//Hulten C. R., Dean E. R., Harper M. J., editors. New Developments in Productivity Analysis [M]. Chicago: University of Chicago Press, 2001: 303 – 372.

[55] Giménez V. M., Martínez J. L.. Cost efficiency in the university: A departmental evaluation model [J]. Economics of Education Review, 2006, 25 (5): 543 – 553.

[56] Grazhdaninova M., Zvi L.. Allocative and technical efficiency of corporate farms in Russia [J]. Comparative Economic Studies, 2005, 47 (1): 200 – 213.

[57] Greene W.. Frontier production functions [M]//Pesaran M. H., Schmidt P., editors. Handbook of Applied Econometrics Volume II: Microeconomics [M]. Oxford: Blackwell Publishers, 1997: 81 – 166.

[58] Gumbau – Albert M. , Maudos J. . The determinants of efficiency: The case of the Spanish industry [J]. Applied Economics, 2002, 34 (15): 1941 – 1948.

[59] Hashimoto K. , Cohn E. . Economies of scale and scope in Japanese private universities [J]. Educational Economics, 1997 (5): 107 – 116.

[60] Horne J. , Hu B. . Estimation of cost efficiency of Australian universities [J]. Mathematics and Computers in Simulation, 2008, 78 (2 – 3): 266 – 275.

[61] Hou L. , Li F. , Min W. . Multi – product total cost functions for higher education: The case of Chinese research universities [J]. Economics of Education Review, 2009, 28 (4): 505 – 511.

[62] Hsu F – M. , Hsueh C – C. . Measuring relative efficiency of government – sponsored R&D projects: A three – stage approach [J]. Evaluation and Program Planning, 2009, 32 (2): 178 – 186.

[63] Izadi H. , Johnes G. , Oskrochi R. , et al. Stochastic frontier estimation of a CES cost function: The case of higher education in Britain [J]. Economics of Education Review, 2002, 21 (1): 63 – 71.

[64] Jiménez – Sáez F. , Zabala – Iturriagagoitia J. M. , Zofío J. L. , et al. Evaluating research efficiency within National R&D Programmes [J]. Research Policy, 2011, 40 (2): 230 – 241.

[65] Johnes J. . Data envelopment analysis and Its application to the measurement of efficiency in higher education [J]. Economics of Education Review, 2006, 25 (3): 273 – 288.

[66] Johnes J. . Measuring teaching efficiency in higher education: An application of data envelopment analysis to economics graduates from UK universities [J]. European Journal of Operational Research, 2006, 174 (1): 443 – 456.

[67] Johnes J. , Yu L. . Measuring the research performance of Chinese higher education institutions using data envelopment analysis [J]. China Economic Review, 2008, 19 (4): 679 – 696.

[68] Kao C. , Hung H – T. . Efficiency analysis of university departments: An empirical study [J]. Omega, 2008, 36 (4): 653 – 664.

[69] Kim E. H. , Zhu M. . Universities as firms: The case of U. S. overseas programs [M] //Clotfelter C. T. , editor. American Universities in a Global Market [M]. Chicago: University of Chicago Press, 2010: 163 – 201.

[70] Koshal R. K. , Koshal M. . Economies of scale and scope in higher education: A case of comprehensive universities [J]. Economics of Education Review, 1999, 18 (2): 269 – 277.

[71] Koshal R. K. , Koshal M. , Gupta A. . Multi – product total cost function for higher education: A case of bible colleges [J]. Economics of Education Review. 2001, 20 (3): 297 – 303.

[72] Kuah C. T. , Wong K. Y. . Efficiency assessment of universities through data envelopment analysis [J] . Procedia Computer Science, 2011 (3): 499 – 506.

[73] Kumbhakar S. C. , Wang H – J. . Pitfalls in the estimation of a cost function that ignores allocative inefficiency: A Monte Carlo analysis [J]. Journal of Econometrics, 2006, 134 (2): 317 – 340.

[74] Kuo J – S. , Ho Y – C. . The cost efficiency impact of the university operation fund on public universities in Taiwan [J]. Economics of Education Review, 2008, 27 (5): 603 – 612.

[75] Li H. . Symmetrically censored GMM estimation for Tobit models with endogenous regressors [R] . Unpublished Mimeo. School of Economics, Georgia In-

stitute of Technology, 2003.

[76] Li H. Z.. Higher education in China: Complement or competition to U. S. universities [M] //Clotfelter C. T., editor. American Universities in a Global Market [M]. Chicago: University of Chicago Press, 2010: 269 – 304.

[77] Lin H – T.. Efficiency measurement and ranking of the tutorial system using IDEA [J]. Expert Systems with Applications, 2009, 36 (8): 11233 – 11239.

[78] Lindsay A. W.. Institutional performance in higher education: The efficiency dimension [J]. Review of Educational Research, 1982, 52 (2): 175 – 199.

[79] Lovett S., Simmons L. C., Kali R.. Guanxi versus the market: Ethics and efficiency [J]. Journal of International Business Studies, 1999, 30 (2): 231 – 247.

[80] Mensah Y. M., Werner R.. Cost efficiency and financial flexibility in institutions of higher education [J]. Journal of Accounting and Public Policy, 2003, 22 (4): 293 – 323.

[81] Moon M., Kim K – S.. A case of Korean higher education reform: The Brain Korea 21 Project [J]. Asia Pacific Education Review, 2001, 2 (2): 96 – 105.

[82] N G. Y. C., Li S – K.. Efficiency and productivity growth in Chinese universities during the post – reform period [J]. China Economic Review, 2009, 20 (2): 183 – 192.

[83] Park B. U., Simar L., Zelenyuk V.. Local likelihood estimation of truncated regression and its partial derivatives: Theory and application [J]. Journal of Econometrics, 2008, 146 (1): 185 – 198.

[84] Raa T. T.. Aggregation of productivity indices: The allocative efficiency correction [J]. Journal of Productivity Analysis, 2005, 24 (2): 203 – 209.

[85] Robst J.. Do state appropriations influence cost efficiency in public higher

education? [J]. Applied Economic Letters, 2000 (7): 776 – 794.

[86] Scott J. P.. Social network analysis: A handbook (2nd edition) [M]. London: Sage Publications Ltd. , 2000.

[87] Stigler G. J.. Information in the labor market [J]. Journal of Political Economy, 1962, 70 (5): 94 – 105.

[88] Topuz J. C. , Darrat A. F. , Shelor R. M.. Technical, allocative and scale efficiencies of REITs: An empirical inquiry [J]. Journal of Business Finance and Accounting, 2005, 32 (9 – 10): 1961 – 1994.

[89] Vishwanath T.. Information flow, job search, and migration [J]. Journal of Development Economics, 1991, 36 (2): 313 – 335.

[90] Vlaardingerbroek B.. A market outcomes approach to the external efficiency of education: A Papua New Guinea local study [J]. International Journal of Educational Development, 1996, 16 (2): 141 – 146.

[91] Weisbrod B. A.. The health care quadrilemma: An essay on technological change, insurance, quality of care and cost containment [J]. Journal of Economic Literature, 1991, 29 (2): 525 – 552.

[92] Worthington A. C. , Lee B. L.. Efficiency, technology and productivity change in Australian universities, 1998 – 2003 [J]. Economics of Education Review, 2008, 27 (3): 285 – 298.

[93] Yang T. D.. Education and allocative efficiency: Household income growth during rural reforms in China [J]. Journal of Development Economics, 2004, 74 (1): 137 – 162.

[94] Zhang X. , Li G.. Does Guanxi matter to nonfarm employment? [J]. Journal of Comparative Economics, 2003, 31 (2): 315 – 331.